幼兒STEM教育
課程與教學指引

周淑惠◎著

/ 特別感謝 / 新竹市立大庄國小附設幼兒園李如瀅主任課程實例分享

目錄

作者簡介

周淑惠

現任：臺灣清華大學幼兒教育學系／所榮譽退休教授

學歷：美國麻州大學教育博士（主修幼兒教育）

美國麻州大學教育碩士

政治大學法學碩士（公共行政）

經歷：新竹教育大學幼兒教育學系／所教授

新加坡新躍大學兼任教授

澳門大學客座教授

美國北科羅拉多大學研究學者

美國內布拉斯加大學客座教授

美國麻州大學客座學者

新竹師範學院幼兒教育學系／所主任

新竹師範學院幼兒教育中心主任

行政院農業發展委員會薦任科員

考試：公務人員高等考試普通行政組及格

序

　　每寫一本書都是日夜拼命、嘔心瀝血，2017 年撰寫《面向 21 世紀的幼兒教育：探究取向主題課程》時，就宣稱為研究者此生的最後一本著作，無料在與時俱進之自我成長要求下，仍無法停筆陸續出版兩本書，現又完成此書，這些著作均與「幼兒 STEM 教育」或多或少相關，此乃因為 STEM 教育為當前世界各國大量挹注經費與大力推展的教育政策，而且也延伸至幼兒教育，身為幼兒教育學者的我自然必須投入。

　　這本書《幼兒 STEM 教育：課程與教學指引》秉承數年來對 STEM 教育的關注與耕耘，從 2019 年初就開始構思大綱並著手撰寫，在四處奔波講學中一有空暇就投入閱讀、分析與撰寫工作，再經最後約兩個月的閉關日夜力拼，終於完成。書中整理了幼兒 STEM 教育的相關文獻，綜合研究者的機構參訪、教學與輔導以及工作坊相關經驗，提出「幼兒 STEM 教育課程架構」，在此架構上強調幼兒 STEM 教育的軟體與硬體基礎，並且解說課程應如何設計與應如何實施，此外還佐以鮮活的課程實例以為對照，包含 STEM 探究主題與 STEM 探究活動，對於有經驗的主題課程教師或想了解幼兒 STEM 教育的入門者，確實有所助益。

　　本書最為特別之處是不僅有理論也有課程實例，相互輝映。在第六章課程實例的前三節分別是三個 STEM 探究主題（由一個主題脈絡統整所有探究活動），由我的碩生且獲教學卓越金質獎的新竹大庄國小附幼李如澄主任主筆，經研究者審修而成，內容描繪的是她班上近年來所實施的課程。第四節則呈現數個 STEM 探究活動，是針對新手 STEM 教師，希望他們能從一星期一兩個活動開始漸進實施；這些活動是由研究生羅華珍、劉以心、楊于萱、童美薇與張雅嵐五人所共同設計並於大庄附幼試教，經研究者整理試教資料而撰寫。

感謝大庄附幼的大力支持，李如瀅主任及羅華珍等五位碩生的辛苦投入，讓本書增色不少。本書得以完成除感謝以上數位外，最要感謝我的家人，尤其是我的先生李文政教授的體恤與幫忙校對工作，分擔家中大小事；此外還得感謝心理出版社林敬堯副總經理的協助與高碧嶸編輯的辛苦校編。最後以此書獻給我的母親！

周淑惠

寫於庚子年陽春三月

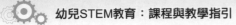

第一章

幼兒STEM教育之基本認識

本章第一節主要在探討綜合代表英文字——Science（科學）、Technology（技術）、Engineering（工程）與 Mathematics（數學）第一個字母「STEM 教育」的意涵與現行實施狀況；第二節則在探討 STEM 教育的時代性與定位。第一章具有開宗明義作用，也就是提出明確的 STEM 教育定義與坊間現行實施概況以促進理解，並藉現況檢視進而澄清似是而非的觀點與疑惑；以及論述它於當代與未來為何如此重要和闡明它在教育上的定位，也就是解說實施的時代必要性與教育的合理性，以激發認同及行動意願。又，第一章的基本認識也開啟本書各章之重要論述，包括幼兒STEM教育的基礎、課程架構與類型、課程設計與實施原則、課程設計與實施實例等。

第一節　幼兒 STEM 教育之涵義與現況

多數人認同幼兒 STEM 教育為面對未來時代之重要教育方式，然而對它的實施方式看法不一：根據美國 Bybee（2013）的研究，STEM 教育在四學科的整合方面有多元面貌，如 STEM 等於科學或數學、STEM 等於四個分立的學科、STEM 意謂被技術或工程連結的數學與科學等；又根據中國的調查顯示，STEM 教學形式確實多元，多透過各類科技競賽、文化節、主題日等活動來開展，或者是小學或初中科學課程載體來開展（中國 STEM 教育研究中心，2019）。如上所述，相信有很多人多有困惑 STEM 教育到底是什麼及要如何實施？舉例而言，幼兒園於其園門展示可愛的機器人，園裡專科教室展現 3D 列印機、平板電腦、插電與編程玩教具等，教室內各班都配備一部機器人；或是各班大量進行材料包式的科學實驗活動；甚至是勞師動眾、窮其精力於舉辦 STEM 相關嘉年華活動，您認為這是實施 STEM 教育嗎？

一、STEM 教育涵義

研究者曾綜合相關文獻（張俊、臧蓓蕾，2016；Englehart, Mitchell, Albers-Biddle, Jennings-Towle, & Forestieri, 2016; Krajcik & Delen, 2017; Moomaw, 2013; National Research Council, 2013; NAE & NRC, 2014; Zan, 2016），提出 STEM 教育的意涵為：針對生活中的問題，透過工程的設計、製作與精進的核心活動，以為課程與教學主軸，歷程中並整合運用科學與科學探究、數學與數學思考、以及技術與工具等，以產生製作物暨解決實際的問題（周淑惠，2018a，2018b）。在此定義中，核心活動與主要歷程是工程，它是 STEM 學習的觸媒，提供了各領域內容的理想整合工具（Kelley & Knowles, 2016），誠如美國工程研究院（National Academy of Engineering, NAE）與美國國家研究委員會（National Research Council, NRC）（2014）言，工程既是設計與創造人造產物的一個知識體系，也是解決問題的一個歷程，它運用了科學、數

學及技術工具的概念；又工程師是運用創造力與數學、科學知識致力於解決社會需求問題的人（Stone-MacDonald, Wendell, Douglass, & Love, 2015），可見工程在本質上就具跨領域特性，自然具有統整 STEM 諸學科的作用，無怪乎它是 STEM 教育的核心。

　　研究者深深認同 Moore 和 Smith（2014）之言：有品質、統整的 STEM 經驗是讓學生投入與個人關聯的工程設計的挑戰，使其能從錯誤中學習與重新設計；又整合的 STEM 教育是努力結合科學、技術、工程與數學等學科領域，使成一個課堂單元；更精細言之，它是指學生透過參與工程設計的途徑以發展相關技術，這些技術則需藉整合與運用數學與（或）科學而有意義的習得。Kelley 和 Knowles（2016）也呼應「工程設計是提供各領域內容的理想整合工具」的觀點，透過 STEM 學習將所有學科置於平等位階而整合，即提出一個具四個協調運作滑輪譬喻的 STEM 教育概念架構，來說明四領域的整合：運用滑輪系統舉起「情境化的 STEM 學習」重物，這四個滑輪上下分別是科學探究、工程設計，中間由上而下是技術素養、數學思考。

　　以上研究者的定義也揭示了 STEM 教育的起點或切入點——解決生活中問題或滿足生活中需求，位居 STEM 教育核心的工程活動，乃始於一個問題，在考量各種解決方案後，測試其是否可行以及如何精進他們（Englehart et al., 2016）；或是為滿足人類的需求與願望，以一個系統及經常是替代的方式，去設計物體、程序與系統（NRC, 2009: 49）。可以說解決生活中問題或滿足生活中需求是 STEM 教育的重要起點或切入點，而為了培養幼兒解決生活問題能力，有些 STEM 課程還運用繪本情境或透過假想情境來傳遞問題與挑戰，將於第三章課程架構處敘述。值得注意的是，在解決問題的歷程中，吾人必須探究其因與理並測試其果，因此 STEM 教育的關鍵元素即為科學探究（Barbre, 2017），STEM 課程的設計通常以科學探究為重點（Moomaw, 2013）。

　　綜合上述，STEM 教育的起點或目標是解決生活中問題或滿足生活需求，STEM 教育的核心歷程是工程活動，STEM 教育的方法是探究，因此 STEM

教育的四個特徵是：(1)面對生活真實問題之「解決問題取向」；(2)運用探究能力以求知與理解之「探究取向」；(3)依賴設計、製作與精進的「工程活動」；(4)運用科學、數學、技術等領域之「統整性課程」（周淑惠，2018a，2018b）。其實此四特徵也可作為STEM課程設計之依歸，形同評量STEM課程的四個具體指標。

　　根據以上 STEM 教育定義與特徵，幼兒園於其園門展示可愛的機器人，園裡專科教室也展現 3D 列印機、平板電腦、插電與編程玩教具等，甚至是教室內各班都配備一部機器人，這無疑地是展現 STEM 教育中的科技面向，但是若幼兒沒有實際地運用這些科技產品於解決問題上，以產生製作物或形成特定效果，並於解決問題歷程中自然整合各學科領域，則較不屬於本書所定義的 STEM 教育。又各班大量進行材料包式的科學實驗活動，若僅涉及 STEM 教育中的科學面向而未整合其他學科領域，也較非本書所定義的 STEM 教育。至於舉辦 STEM 嘉年華式的展現或表演活動，固然可將成果讓家長、社會大眾知道，但重點要看在平日的課程與教學中，這些活動是如何進行的？例如有讓幼兒面對生活、遊戲中問題，運用探究力並歷經工程製作程序加以解決嗎？

二、STEM 教育現況

　　以上研究者所提出的以工程活動為核心，且具解決問題、探究與統整課程四項特徵之 STEM 教育定義，是較為嚴謹的定義，著重透過工程程序而自然整合各領域，一般學界也多持整合的 STEM 教育觀（Bybee, 2013; English, 2016; Kelley & Knowles, 2016; Moore & Smith, 2014; Nadelson & Seifert, 2017；NAE & NRC, 2014; Strimel & Grubbs, 2016）。然而坊間 STEM 教育普遍的現象或樣貌又是什麼？研究者探討文獻時發現具多元樣貌，例如通常只代表一個學科，即科學一科也（English, 2016）；或科學與數學凌駕於其他兩個學科，很少關注到技術與工程（Bybee, 2010; Kelley & Knowles, 2016; Strimel & Grubbs, 2016），似乎與本書定義有些距離。

Bybee（2013）根據文獻與現狀，綜合整理出當前坊間STEM教育的幾種整合概況，並伴隨通俗的譬喻以利理解，研究者覺得非常寫實，有助於大家檢視自己所實施的 STEM 教育：(1)STEM 等於科學（或數學），即單一學科（有如以為森林生態系統是一棵樹）；(2)STEM 意謂科學與數學，即分立的雙學科（有如筒倉與空洞）；(3)STEM 意謂納入技術、工程或數學的科學（有如家裡面有需要時可用的分立房間）；(4)STEM 等於四個分立的學科（有如四個筒倉）；(5)STEM 意謂被科技或工程連結的數學與科學（有如一個商場中主要店家連結其他店）；(6)STEM 意謂著學科間的協調（有如造房時在包商間協調資源）；(7)STEM 意謂著兩三個學科的結合（有如結合兩三個舊產品創造一個新產品）；(8)STEM 意謂著學科間的互補性重疊（有如一個汽車製造工廠）；(9)STEM 意謂著一個跨學科課程（有如音樂家一起演奏的四重奏）。以上九種整合狀況如圖 1-1-1a.～i.。

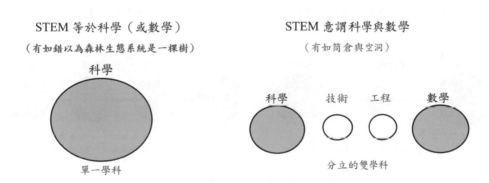

圖 1-1-1a.～b.　STEM 教育整合概況 1、2
資料來源：出自 Bybee（2013: 74-77）

STEM 意謂納入技術、工程或數學的科學

（有如家裡面需要時可用的分立房間）

STEM 等於四個分立的學科

（四個筒倉）

科學

技術 工程 數學

獨立的科學課，合適的時候納入其他三學科

科學 技術 工程 數學

圖 1-1-1c.～d. STEM 教育整合概況 3、4
資料來源：出自 Bybee（2013: 74-77）

STEM 意謂被科技或工程連結的數學與科學

（有如一個商場中主要店家連結其他店）

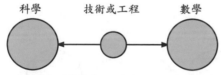

科學 技術或工程 數學

數學與科學是透過技術或工程而連結，
如以項目方案連結

STEM 意謂著學科間的協調

（有如造房時在包商間協調資源）

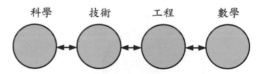

科學 技術 工程 數學

穿越學科界線協調概念、程序與資源
如在數學課強調的概念與知能可能在工程課也需要

圖 1-1-1e.～f. STEM 教育整合概況 5、6
資料來源：出自 Bybee（2013: 74-77）

STEM 意謂著兩三個學科的結合

（有如結合兩三個舊產品創造一個新產品）

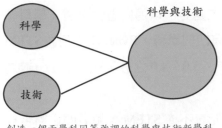

創造一個兩學科同等強調的科學與技術新學科

STEM 意謂著學科間的互補性重疊

（有如一個汽車製造工廠）

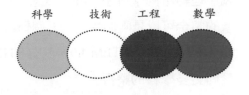

透過重疊與順序整合學科
如學生探究問題是透過重疊的學科而進展著

圖 1-1-1g.～h.　STEM 教育整合概況 7、8
資料來源：出自 Bybee（2013: 74-77）

STEM 意謂著一個跨學科課程
（有如音樂家一起演奏的四重奏）

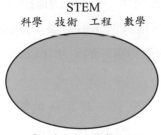

如「永續社會」跨學科課程

圖 1-1-1i.　STEM 教育整合概況 9
資料來源：出自 Bybee（2013: 74-77）

雖然 Bybee 提出當前 STEM 教育不同的整合觀點與現象，不過，他似乎較贊同多個學科整合。鑑於美國各州、區、校多有 STEM 教育，但是各自的深度與品質不一，於是提出改善 STEM 教育做法，就是藉由協調、互補、相關、連結不同學科領域間的概念、程序、主題等，以邁向整合之道。學科領域的整合可以是兩個學科、三個學科或所有四個學科，Bybee 將之稱為 STEM 2.0、STEM 3.0、STEM 4.0。既有 STEM 2.0、 3.0、4.0 之分，顯見 Bybee 較為贊同更多學科的整合。

　　在幼教現場 STEM 教育之樣貌也是多元，不僅 STEM 各領域間之整合樣貌迥異，在教學上也不盡相同，例如美國 Selly（2017）指出坊間 STEM 教育之具體做法不太一致，從只是針對 STEM 某一特殊內容進行每星期一至兩小時的課堂，或者是插入式的強化專班，到有意連結 STEM 所有領域內容與實務的完全整合式課程；在澳洲也發現雖然很多學前機構都實施 STEM 教育，但是有關 STEM 教育的教學實務與教學法彼此互不相同（Campbell, Speldewinde, Howitt, & MacDanald, 2018）。此外，幼教機構與教師們的實施階段也有所不同，例如在美國幼教現場，有的是想融入 STEM 但不知如何做？有的是已經在教室中做了一些 STEM 但想做更多，還有一種是重點在呈現整合的 STEM 教學實務且正在尋找做得更好的方法（Linder, Emerson, Heffron, Shevlin, & Vest, 2016）。

　　至於在臺灣雖然並沒有正式、有系統地提倡 STEM 教育（林坤誼，2018），但是 STEM 教育的主要精神乃為探究，所以在理論上切實奉行以探究為旨的《幼兒園教保活動課程大綱》的幼兒園，或實施具探究性與統整性的「探究取向主題課程」的幼兒園，應離 STEM 教育不遠。也確實當前為數極少標榜 STEM 教育的幼兒園，大都是力行探究取向主題課程的幼兒園。例如研究者曾分析幼兒園探究取向主題課程實例，發現幼兒在遊戲與探究歷程中充分運用諸領域知能，解決相關問題並產生相關製作物，整個課程充滿了 STEM 經驗（周淑惠，2017a，2017b，2018a）。不過研究者發現同樣強調探究且標榜 STEM 的幼兒園，在園本課程下，各有其特色。吾人以為 108 學年

度開始實施的 12 年國教提供 STEM 教育的發展空間與契機，讓幼兒 STEM 教育有望向上銜接，必將吸引更多幼兒園的投入。

　　的確，有關 STEM 教育如何實施，或幾個學科領域間應如何整合，存有廣泛疑惑，學者間的看法也不太一致，例如 Moomaw（2013）就認為只要有兩個學科領域有意圖地整合，那個活動就可算是幼兒 STEM 活動。研究者則持多領域盡量整合觀點，不過在實施上主張穩紮穩打、逐步實施，因為課程轉型、創新非一蹴可幾，教師們也都習於分科教學慣於主導，因此需漸進徐行方能真正落實。吾人可持此嚴謹定義為目標，分階段逐漸將 STEM 教育落實於幼兒園現場，有如 Vasquez（2015）所言：教與學應有如斜面般向上漸進地整合，在斜面最底是「分科教學」，斜面最高則是與方案教學或問題解決教學有關的「跨學科」STEM 教育，即藉由解決現實世界的問題或方案，學生運用二或多個學科知能以形塑學習經驗；在漸進而上過程中尚有兩種組織 STEM 課程的方式，一是「多元學科」，一是「科際整合」（圖 1-1-2.）。具體言之，如果大家習於從科學、數學中著手，那麼先試行兩個領域的整合，即科學與工程、數學與工程等，再逐漸晉升到多領域的整合境界，不過重點在於這些活動應該是以解決生活中問題為導向。

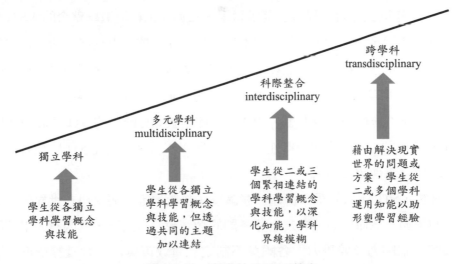

圖 1-1-2.　漸進的 STEM 整合

資料來源：出自 Vasquez（2015: 10-15）

第二節 幼兒 STEM 教育之時代性與定位

本節主要在探討「STEM 教育」的時代意義，說明為何於當代必須實施 STEM 教育，以及論述它在幼兒教育上的定位，顯示教育上的重大意義，藉其在社會生活與教育上的重要性與合理性，以開啟本書《幼兒STEM 教育：課程與教學指引》各章議題之探討，並期望能發揮拋磚引玉效果，激發更多的試行意願與研究思路。

一、幼兒 STEM 教育之時代性

目前很夯的 STEM 教育其中兩項重要理念是強調探究性與統整性，而探究與統整精神也是臺灣教育部（2017）所頒發《幼兒園教保活動課程大綱》的基本理念，例如：「幼兒天生喜歡遊戲，在遊戲中自發的探索、操弄與發現。」、「本課程大綱內涵…… 劃分為…… 六大領域…… 以統整方式實施。」（第四頁），並在該大綱實施通則中（第八頁）指出「……讓幼兒得以自主的探索、操弄與學習。」特別值得一提的是，自 108 學年度開始，臺灣推動 12 年國民教育，提供了著重科學、技術、工程與數學整合的「STEM 教育」的發展契機與空間，因為 12 年國教之三大核心素養之一即為自主行動，且課程新設科技領域，並在部定課程（領域學習）外增加校訂課程（彈性學習），可跨領域實施統整性主題／專題／議題探究課程等多元形式（方朝郁，2018；朱珮禎、曾淑惠，2018）。此舉讓幼兒階段的 STEM 教育可向上銜接與發展，形成連續一貫性的教育，所以本書探討幼兒 STEM 教育自然具有時代意義與重要性。

其實，STEM 教育最早源起於意識學子於數學等重要學科在世界評比中落後的美國，然而目前已成為全球各國的教育政策與趨勢，為因應人工智能時代與增強國力及競爭力，各國莫不制定教育政策與投入大量經費推廣實施，例如美國、英國、澳洲、中國等。在此特別說明的是，在 STEM 教育提

倡之後，有學者主張在 STEM 外，明白加入人文藝術（Arts, A）面向，使成「STEAM」，例如 Land（2013）、Sousa 與 Pilecki（2013）等人；也有主張加入閱讀（Reading, R）面向，使成「STREAM」。研究者深深以為，幼兒教育一向重視涵蓋各領域的全人教育，若要特意加入任一領域於 STEM 此一字詞中，實在有太多學科領域要加入，故仍使用 STEM 教育以回應此一教育政策之提倡初衷，但衷心主張的是強調各領域整合即全人發展的幼兒 STEM 教育。換句話說，依課綱探究與統整精神的「探究取向主題課程」是各領域均重的，在原本課程基礎上只要稍加強化 S、T、E、M 等領域即非常接近 STEM 教育，所以研究者仍持 STEM 一詞而非 STEAM、STREAM 等。重要的是，STEM 教育已經延伸至學前幼兒階段，自小培養 STEM 素養已被各國列為重要教育政策。以下舉各國之例說明之，首先是 STEM 教育起源地的美國。

　　自從 2013 年美國國家研究委員會頒布《下一世代科學教育標準》（*Next Generation Science Standards, NGSS*），將工程設計思維等納入科學教育（NRC, 2013），確立了 STEM 教育在學校的地位後，2016 年美國教育部又發布《STEM 2026——STEM 教育創新的一個願景》報告，提出八大挑戰任務，明確地指出從幼兒時期就要開展 STEM 教育，即將 STEM 教育融入既有幼兒教育體系中（US Department of Education, 2016），接著進而與健康及人類服務部（U.S. Department of Health & Human Services）共同提供幼兒 STEM 資源——《讓我們說、讀、唱 STEM》（*Let's Talk, Read and Sing About STEM!*）給一般家庭與教育者，以支持學前時期 STEM 教育（https://www.acf.hhs.gov/ecd/learning-about-stem）。在事實上，STEM 教育也確實落實在學前教育機構，甚而嬰幼兒中心，如收托零至六歲嬰幼兒富有聲名的加州理工大學兒童中心（Children's Center at CALTEC）。

　　澳洲政府也將 STEM 教育向下延伸至學前階段，教育與訓練部於 2015 年規劃了數位學習資料庫「學習潛能」（Learning Potential），涵蓋嬰兒到高中階段，有網路版與手機 APP 版（https://www.learningpotential.gov.au/），鼓勵從嬰兒六個月起就以遊戲方式接觸 STEM 教育（https://www.learning potential.

gov.au/ encouraging-stem-in-littlies-its-easy）。2019 年還正式推動長達五年的幼兒 STEM 教育計畫——概念性遊戲實驗室（Conceptual PlayLab），此計畫獲大量資金支援，乃由澳洲 Monash 大學教授 Marilyn Fleer 基於大量研究所發展的，目標是建立一個以遊戲與想像為基礎形塑幼兒 STEM 概念並能推廣至全球的「概念性遊戲世界模型」（The Conceptual Play World Model）（https:/ /www. monash.edu/ conceptual-playworld/home）。其實更早前尚有由教育部資助、坎培拉大學發展的澳洲幼年學習STEM方案，簡稱ELSA（Early Learning STEM Australia），是以遊戲為基礎的學前幼兒探索 STEM 的數位學習方案（Logan, Lowrie, & Bateup, 2017）。

二、幼兒 STEM 教育之定位

承上所述，各國已將 STEM 教育向下延伸至學前甚至是嬰幼兒階段，然而為何於幼兒階段提倡實施STEM 教育，它有何重要性？在幼兒教育上有何重要位置？研究者主要是從三個面向切入論述，一是考量未來時代的特性與能力需求、二是著眼幼兒階段的特性，三是確信幼兒 STEM 教育實施的可行性（周淑惠，2018b）。之所以由此三面向考量以揭定位是因為，今日的幼兒將成為未來的公民，培養幼兒具備未來時代所需能力，成為今日教育的重點；而幼兒STEM 教育的實施對象與課程主體是幼兒，了解幼兒階段的發展與學習特性，實乃必要；最重要的是，要有研究支持 STEM 教育在幼兒階段是可行的，方具意義。茲分析如下。

（一）考量未來時代特性及能力需求

STEM 各領域與人類生活密切相關，整部人類歷史即是高度依賴 STEM 諸學科領域的創造發明史，例如每日居住的房屋建築涉及結構力學、材料科學等（科學），面積、體積、承重量測量與計算等（數學），電腦繪圖與計算、防震科技、高空作業機具與綠建築科技等（技術），以及工程的設計、建築自身。可想而知在未來人工智能當道的社會，將會更為依賴STEM 各領

域知能。而在實際上根據調查，未來五至十年間，有 75%快速成長的職業將需要 STEM 相關技能與經驗（Chubb, 2013），可以說對 STEM 勞工的需求進入一個全球性短缺的爆炸性階段（Marrero, Gunning, & Germain-Williams, 2014）。

又人工智能（Artificial Intelligence, AI）社會的特性是高速變遷與動盪不安，許多工作將被人工智能取代，職業與工作勢必重組與洗牌，職場工作愈發困難，例如數百員工的工廠成為機器手臂操作的無人工廠。吾人必須審思人工智能無法做到之事及如何與其合作，以探索與開創各種可能性工作，因此創造、探究、合作能力成為急迫需要的時代能力，此觀點亦為文獻所支持。研究者曾綜合聯合國教科文組織（United Nations, Educational, Scientific and Cultural Organization,〔UNESCO〕, 1996）之「四大學習支柱」——求知、學會做事、學會共生、學會發展，美國「21 世紀世紀技能聯盟」（Partnership for 21st Century Skills）之 21 世紀人才核心能力架構中之「學習與創新4C 能力」——批判思考與問題解決（Critical thinking & problem solving）、創造力與創新（Creativity & innovation）、溝通（Communication）、合作（Collaboration）（http://www.p21.org/storage/documents/docs/P21_framework_0816.pdf），以及研究者針對未來紀元所提出之所需培育人才——求知人、應變人、地球人、科技人、民主人、完整人（周淑惠，2006），歸納出「探究力」、「創造力」與「合作共構力」為未來社會所需之三大能力（周淑惠，2017a，2018a）。

很重要的是，任何課程的發展與決定必須基於哲學、心理學、社會學、歷史四個基礎考量（歐用生，1993；Ornstein & Hunkins, 2017），社會需求與考量便是其中重要考量面向。針對上述未來人工智能社會所需三大能力，研究者認為 STEM 教育正可培養此三種能力：因為 STEM 教育乃面對生活中問題以「探究」為主要精神（周淑惠，2017a，2018a；Barbre, 2017; Moomaw, 2013），其核心活動——運用工程設計產生製作物，即是一個強調「合作」的「創造」生產歷程，而在創造的歷程中，個體必須運用「探究」能力蒐集

資料、尋求原因與測試以期解決問題，著實符合未來時代的三項能力需求。例如研究者曾分析充滿STEM精神與要素的探究取向主題課程，發現二至六歲孩子在歷程中展現驚人的探究能力與創造能力，且充分流露工程設計思維（周淑惠，2017a，2017b，2018a）。然而人的能力不是一天就能形塑的，自幼實施 STEM 教育以培養此三大能力，自有其重大意義（周淑惠，2017b，2018b；張曉琪，2019；Barbre, 2017; McClure, Guernsey, Clements, Bales, Nichols, Kendall-Taylor, & Levine, 2017; Zan, 2016），在此人工智能當道時代，勢在必行。

（二）著眼幼兒階段特性

幼兒階段具好奇天性且是大腦發展關鍵期，順應其好奇探究特性與援用大腦發展關鍵期優勢，實施以探究為主要精神、工程為核心活動的 STEM 教育，可發展幼兒對 STEM 諸領域的興趣與能力，為未來學習奠下基礎。

1. 順應好奇天性

初生嬰兒即試圖運用其感官探索周遭的人與物，八個月左右開始會爬繼而會走時，最顯著的特徵便是運用多元感官到處探索，亟欲了解周遭世界並試圖用行動驗證以發現答案；接著在語言能力萌生激發認知後，在好奇心驅使下，總有問不完的問題。前所提及課程發展與決定的四個基礎中，首要考量的是心理學基礎，符合教學對象的發展與特性，職是之故，在嬰幼兒時期即展開STEM教育，符合嬰幼兒好奇天性與一探究竟需求，實為極其自然之務。

研究者極為認同Zan（2016）所言，STEM經驗緣起於孩子出生當其觀察與投入於周遭環境之時，因此正式的 STEM 教育應始於嬰幼兒時期；因為每日基於好奇的感官探索經驗，提供學習事物物理特性的基礎，為 STEM 打下根基（Barbre, 2017）。的確，誠如Selly（2017）所言，所有的孩童有探索、提問、創造、驗證與尋求自然規律的傾向，這些特徵與STEM學習的固有心

智習慣是相關的。因此作為幼教工作者，要以日常語言開始來思考 STEM，其實會發現這些課程並非是新的，它們很久以前就存在，而且到處皆是（Sharapan, 2012）。

2. 援用大腦發展關鍵期

　　腦科學方面的研究明確指出，在最初幾年裡，每一秒鐘有多於百萬新的腦神經連結形成，在急速增生後並經修剪程序，讓複雜的神經通路得以有效運作；而且早期的經驗決定了腦發展的品質，在早期階段的投入比後期的補救，要來得有效（Gonzalez-Mena & Eyer, 2018; National Scientific Council on the Developing Child, 2007）。換言之，從出生到五歲是大腦發展的最關鍵時期，專注於嬰幼兒時期的教育是值得的，況且嬰幼兒本就具有好奇心，所以在此關鍵期投入 STEM 探究教育，為未來奠下基礎與興趣，是最適合不過了。

（三）確信幼兒 STEM 實施可行性

　　提倡以工程設計活動實現 STEM 教育的 Stone-MacDonald 等人（2015）指出，學前幼兒、學步兒，甚至嬰兒都是個小工程師，在工程設計的解決問題複雜活動中，顯現許多的基本能力。McClure 等人的研究也指出，即使在一歲階段，當嬰兒看到一些出乎其意料的事，也會測試其預想想法（McClure, 2017; McClure et al., 2017），猶如小科學家。又 Stahl 和 Feigenson 當著 11 個月大嬰兒的面出示玩具車，將它從桌邊掉下又浮上來，這個嬰兒觀察這輛奇怪的車要比一般正常運作的車還要來得久，並試著去探索，即用自己的手把玩具車丟下去（引自 McClure, 2017）。無怪乎 McClure 等人主張 STEM 教育宜盡早開始。

　　研究的確證實幼兒 STEM 教育是合宜的，它可讓孩子積極投入活動、使用STEM語彙與分享，因此宜將STEM學習經驗引入幼兒教室（Tippett & Milford, 2017），又它可強化幼兒對學習 STEM 能力的自信、觸發對 STEM 的欣賞（Campbell et al., 2018）。而且也有愈來愈多的專門著作針對學前幼兒階段

的 STEM 教育，例如研究者 2018 年出版的《具 STEM 精神之幼兒探究課程紀實》，Lange、Brenneman 和 Mano（2019）的《學前教室中之 STEM 教學》（*Teaching STEM in the preschool classroom*），Heroman（2017）的《運用 STEM 製作與修補：幼兒解決設計上的挑戰》（*Making & tinkering with STEM: Solving design challenges with young children*），Moomaw（2013）的《幼兒 STEM 教學：整合科學、技術、工程、數學的活動》（*Teaching STEM in the early years: Activities for integrating science, techonology, engineering, and mathematics*），Stone-MacDonald 等人的《讓小小工程師專注投入：透過 STEM 教導解決問題能力》（*Engaging young engineers: Teaching problem-solving skills through STEM*），Counsell、Escalada、Geiken、Sander、Uhlenberg、Van Meeteren、Yoshizawa 與 Zan 等人（2016）的《幼兒 STEM 學習：斜坡與路徑探究教學》（*STEM learning with young children: Inquiry teaching with ramp and pathways*），Barbre（2017）的《嬰幼兒邁向 STEM：嬰兒與學步兒科學、技術、工程、數學活動》（*Baby steps to STEM: Infant and toddler science, thchnology, engineering, and math activities*）等，比比皆是。

　　綜上所述，STEM 教育符應幼兒天性與未來時代所需，且於幼兒階段驗證可行，又當前許多國家已從幼兒階段開始落實 STEM 教育，因此它的定位與重要性昭然若揭。可惜的是吾人經常發現，嬰幼兒的好奇心在小學或更高階段已被無趣與灌輸式的學校教育消磨殆盡。研究者堅信：知識與學習是日積月累非一蹴可幾的，且誠如 Lange 等人（2019）所言：幼兒有能力，也應有機會去思考、談論、閱讀與動手做 STEM，因此為及早培養幼兒對 STEM 的興趣、態度、知識與能力，以開啟 STEM 大門，宜自幼開始實施 STEM 教育（周淑惠，2017b，2018b，2019；張曉琪，2019；Barbre, 2017; McClure, et al., 2017; Zan, 2016）。總之，充分援用嬰幼兒大腦神經蓬勃發展關鍵期與此時之好奇天性，將 STEM 探究精神與實務延伸至學前嬰幼兒階段，以培育符應未來 AI 時代能力需求的公民，乃為當務之急。

第二章

幼兒 STEM 教育之軟硬體基礎

承上章對 STEM 教育明確解說後，本章旨在論述幼兒 STEM 教育之軟硬體基礎，以利其著根推展。而軟硬體基礎乃立基於「嬰幼兒 STEM 教育」之心理與物理基礎，軟體係指架構於親密互動關係心理基礎之上的「探究取向主題課程」，硬體是指架構於安全、健康暨豐富環境物理基礎之上的「STEM 探索物理環境」。幼兒 STEM 教育軟硬體基礎鋪墊了 STEM 教育根基，也是築立幼兒 STEM 教育之重要支撐結構。因此，本章共分三節，第一節首先介紹軟硬體基礎的緣由，第二節則介紹硬體基礎 STEM 探索物理環境，第三節則介紹軟體基礎探究取向主題課程。

第一節　幼兒 STEM 教育之軟硬體基礎──緣由

　　幼兒 STEM 教育之軟硬體基礎鋪墊 STEM 教育之根基及支撐 STEM 教育之開展，本節旨在探討幼兒 STEM 教育軟硬體基礎之緣由，含軟硬體基礎之由來與軟硬體基礎之內涵考量，亦即軟硬體基礎是怎麼發展而來的？以及為何以 STEM 探索物理環境為硬體基礎、探究取向主題課程為軟體基礎？

一、軟硬體基礎之由來

　　針對嬰幼兒 STEM 教育，研究者曾提出兩個教保基礎：心理基礎（親密互動的關係）與物理基礎（安全、健康暨豐富的環境）。親密互動關係的基本信念是「保育、作息即課程」，是指日常作息與保育中強調親密互動以建立依附關係，作為當下教育的有效場域及平日對外探索的安全堡壘，它是支持嬰幼兒探索與學習的心理基礎。安全、健康暨豐富的環境基本信念是「遊戲、探索即課程」，幼兒的生活重要內涵就是遊戲，在遊戲中探索著，也在探索中遊戲著，不僅建構相關知識，也對身心各方面發展有所裨益，所以擁有一個安全、健康暨豐富的環境讓嬰幼兒遊戲、探索，就顯得很重要，可以說它是支持嬰幼兒探索與學習的物理基礎（周淑惠，2018b）。有興趣的讀者可參見拙著《嬰幼兒STEM教育與教保實務》（2018 年心理出版社出版）。

　　綜上在有如安全堡壘的心理支持下與觸發場域的物理激勵下，幼兒才能安心且非常投入於遊戲與探究中，接受豐富環境的激勵與啟示。若再加上教師的鷹架引導等其他教保通則的助力下，實現 STEM 教育的目標，指日可待，有如圖 2-1-1.所示（周淑惠，2018b）。

　　當嬰幼兒邁入兩歲幼兒階段時，無論是在課程層面或是環境層面均須配合其成長所需，加以適度調整，使其超越「保育、作息即課程」、「遊戲、探索即課程」層次，向上躍進發展，以鋪墊幼兒 STEM 教育。首先在硬體物理基礎上，仍要持續營造安全、健康暨豐富的環境，但要設法更加強化使之

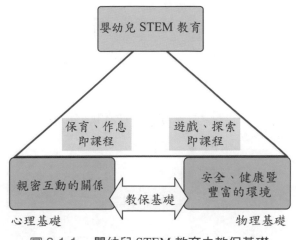

圖 2-1-1.　嬰幼兒 STEM 教育之教保基礎

趨向 STEM 探索的物理環境，如圖 2-1-2.三角形框內右下角淺綠色框所示，將在卜節詳述如何將物理環境 STEM 探索化。在心理基礎上，仍要持續在日常作息中維繫親密互動關係，以支持幼兒的探索與學習，不過在軟體課程上要明顯地以主題統整各領域的學習，朝向探究取向的主題課程，如圖 2-1-2.三角形框內左下角淺綠色框所示，將在本章第三節詳述。綜言之，幼兒STEM教育的軟硬體基礎（STEM 探索物理環境、探究取向主題課程）是建立在零至二歲嬰幼兒時期的心理與物理基礎之上（親密互動的關係，安全、健康暨豐富的環境）。

二、軟硬體基礎之內涵考量

　　嬰幼兒的發展是連續的，幼兒STEM教育軟硬體基礎乃奠基於嬰幼兒時期的心理與物理基礎，加以向上延伸與精進的，它不但提供幼兒 STEM 教育的發展根基，也提供了幼兒 STEM 教育的發展架構與路徑。至於為何是以探究取向主題課程為軟體基礎，及以 STEM 探索的物理環境為硬體基礎，說明如下。

　　首先就軟體基礎而言，STEM 教育之主要精神為探究，並強調學科領域

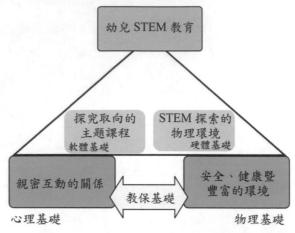

圖 2-1-2. 幼兒 STEM 教育軟硬體基礎

間的整合，幼教界很早就重視不同領域間統整及提倡探究教學（Linder et al., 2016），可以說是實施 STEM 教育的有利場域。研究者推展與研究幼教課程的多年經驗確實證明統整與探究教學是實施 STEM 教育的有利場域：早年即申請國科會計畫，將觀察、查找資料、記錄、比較、推論、驗證、溝通等「科學程序能力」（Scientific process skills）（即探究能力）運用於幼兒園主題課程，並發表成果專書《幼兒園課程與教學：探究取向之主題課程》，簡稱「主題探究課程」（周淑惠，2006）。其後歷經數年於幼教現場輔導，持續於此類課程的行動研究與發表（周淑惠，2017a），並且發現真正落實探究精神的主題探究課程其實充滿了豐富的 STEM 經驗，因為幼兒在探究某一問題時，確實運用探究能力與相關知能；同時為了解決探究中的問題，也歷經設計、製作與精進的工程歷程並自然產生製作成果，使得科學概念、數學知能、相關技術等學科領域自然易於匯合統整，課程裡充滿 STEM 教育的重要特徵（周淑惠，2017a，2017b，2018a，2019）。

　　值得一提的是，同樣基於典型科學探究程序，且以感興趣問題為幼兒深入探究之始的「方案教學」（Project approach），其創始者 LiLian Katz 也分析了方案課程實例，顯示方案教學為 STEM 經驗提供良好的平臺，方案探究

即 STEM 經驗，它與 STEM 教育息息相關（Katz, 2010）。此外，研究者也分析具有探究精神的其他課程，例如瑞吉歐課程「小鳥樂園」（周淑惠，2006），為了讓幼兒園附近公園的小鳥快樂生活，幼兒在多方探究與調整下，自製可真正噴出水的各式噴泉、水車等製作物，實現了讓公園儼如小鳥樂園的願望，發現亦具有 STEM 教育成分。綜言之，具探究精神的幼兒主題課程是幼兒 STEM 教育的重要切入平臺（將於第三節更清楚分析兩者間密切關係），所以以其為實施幼兒 STEM 教育的基礎，是極其明確之道。

其次就硬體基礎而論，嬰幼兒的環境首要考慮安全、健康暨豐富，使其可安心探索、遊戲，奠下嬰幼兒 STEM 教育的基礎，到了兩歲後的幼兒時期，為了延伸遊戲與探索便於實施具綜合特性的 STEM 教育，則要在原本安全、健康暨豐富基礎上強化其 STEM 探索性。具體言之在戶內外環境中，必須具有豐富的科學、數學、工程、技術等元素，讓幼兒自然濡染並探索，包含自然的環境、人為的環境與半自然的環境，以及所涉及之相關教玩具；即做到「環境 STEM 化」，讓幼兒倘佯其中，可探索、操作、遊戲、轉換等，從中創造產生相關製作物，以解決問題並建構知識。如果環境順利 STEM 化，幼兒可在戶內外探索與創造，而當環境充滿探索氛圍，也有利於鋪墊主題探究課程，最後更容易實現幼兒 STEM 教育。

研究者在輔導幼兒園進行 STEM 教育時，即以此軟硬體基礎為參照，首先幫助幼兒園將物理環境轉換為具 STEM 探索特性的物理環境，環境會說話有如第三位教師，當幼兒受到環境的激發顯出濃厚的探索興趣時，也會鼓舞教師投入，且利於主題探究課程之著根發芽。繼而協助幼兒園逐漸轉型課程使之朝向具探究與統整性的探究取向主題課程即探究取向主題課程，轉型歷程中則鼓勵教師先由個別的探究活動開始嘗試，並使之趨向以製作物解決問題的 STEM 探究活動，再逐漸進展至以主題脈絡統整之探究課程。在主題探究課程氛圍與情境下，則易於落實幼兒 STEM 教育。

第二節 幼兒 STEM 教育之硬體基礎──STEM 探索物理環境

　　幼兒 STEM 教育的首要基礎是 STEM 探索物理環境的建立，「環境會說話」會引發符合該環境之合宜行為，在此則為探索行為，利於主題探究課程軟體基礎之著根。無論是戶內、戶外的自然、人為、半自然環境，均要做到能讓幼兒投入 STEM 探索，它是建立在嬰幼兒期的安全、健康暨豐富環境之上。本節分別探討戶內與戶外 STEM 探索環境要如何規劃或形塑。重要的是，戶內或戶外環境在規劃時，都先要做到遊戲探索、多元變化、社會互動、彈性潛能、溫馨美感與健康安全等六項幼兒學習環境的規劃通則（周淑惠，2018c），才能達到安全、健康暨豐富的基本要求。在此不加贅述，直接論述戶內外 STEM 探索物理環境。

一、戶內 STEM 探索物理環境

　　戶內 STEM 探索物理環境主要是指各班活動室所設置的「區角」，其次是建築物內或半戶外的「公共區域」，包括接待（聯誼）大廳、入園轉換空間（由於都會地區受限空間，許多幼兒園的入園轉換空間在建築物內）、廊道（建築物內或半戶外）等，均可加以 STEM 探索化。

（一）各班活動室區角之規劃

　　實施幼兒 STEM 教育的必要室內空間規劃是各班活動室內的各個區角空間。區角（或稱學習區、角落、興趣區、興趣中心）是一個自我幫助（Self-help）的環境，它回應與滿足幼兒遊戲探索的「個別差異性」（每位幼兒表現均不同）與「內在個別差異性」（每位幼兒在一天內各時段、地點表現均不同），這些差異包含三方面：(1)學習類型──探索建構、精熟練習、好奇觀察與解決問題；(2)社會接觸──獨自遊戲、合作遊戲與平行遊戲；(3)指導

方式——自我指導、合作指導、平行指導、他人指導（Day, 1983）。正因為區角可讓幼兒依照個別需求與個體當下興趣的差異，自由選擇任一區角與玩教具遊戲探索，所以它的教師主導性是相對低於團體或分組活動，是任何實施開放教育幼兒園的必要條件，更是實施探究取向主題課程幼兒園的必要配置，當然也是實施幼兒 STEM 教育的首要室內空間規劃。

　　活動室區角是多元的，通常有積木建構區、戲劇扮演區、語文圖書區、科學探究區、益智操作區、創作美工區等；而為了讓幼兒有情緒發抒或獨處空間，可另外設置隱密小區或情緒小區；當然還可設置木工區、音樂區等，完全視各班活動室整體空間狀況（座落、面積大小、格局、形狀、出入口、水源處、儲藏空間等）、幼兒人數與需求（年齡層、特質、興趣、能力等）、課程需求（課程型態與主題、欲鼓勵之遊戲行為等）、經費與資源、教師專長與興趣等各班需求做統整規劃（田育芬，1987；周淑惠，2018c）。至於區角的設計原則為：做整體性多元區域規劃、依同鄰異分配置原則、示明確界線與內涵、設流暢動線、具綜覽視線、重安全考量、創彈性可變設計、應情境布置（周淑惠，2018c）。綜言之，教師依據以上這些設計原則並綜合考量各班實際狀況，做活動室區角整體性的規劃。

　　而為了更具 STEM 探索性，除了幼兒可依遊戲需求創變空間或情境外，首要讓每個區角都有一些 STEM 元素可資運用與探索，即涉及科學、數學、技術與工程層面的探索，例如豐富與多元材料的積木區可建蓋高樓、斜坡道、橋樑等；重思考與操作的益智操作區具齒輪、坡軌組裝與編織等操作活動；也可以專設一個 STEM 探究區，或與科學探究區適度結合，顯現 STEM 探索特性，或是融入美工創作區、木工區、戲劇扮演區等。重要的是各區角內的玩教材要豐富多元，並且具有 STEM 探索特性，就此考量，區角玩教材大致可分三大類：(1)各類玩教具；(2)供探究及製作的工具與材料；(3)運用科學原理的自製玩教具。分別說明於下。

1. 各類玩教具

　　各類玩教具大致包含三個類別：(1)一般性；(2)編程；(3)運用 AR 與插電

玩教具。

(1) 一般性玩教具

　　一般性玩教具大致包含以下二類：

①各類建構性積木

　　建構性積木的種類多元如單位積木、樂高積木、LASY積木、KAPLA積木、PVC管狀積木、空心凹型積木等，操作方式有直接於地面或桌面堆疊、連接或套合，也有的積木可鑲嵌於大片牆面上以類似簡單卡榫結構般套卡或磁吸原理般吸合建構。這些積木式樣與材質多元均是人類智慧的結晶，可讓幼兒體驗 STEM「技術」產物層面；它們可供幼兒建構各種喜愛造型，甚至是建築物、船艦、橋樑、引水結構等，涉及 STEM「工程」製作層面；同時也涉及「數學」面向，例如單位積木有兩倍塊、四倍塊、八倍塊，當某一塊積木沒有時，可用其他積木取代（如一個四倍塊等於兩個兩倍塊）；而搭建平衡穩固的結構體則涉及「科學」原理的重心、平衡等（周淑惠，2018a）。所以不要小看建構性積木於幼兒 STEM 教育的價值。

②涉及科學原理的教具

　　係指坊間市售的齒輪組、坡軌組、磁力組、電路組等運用科學原理的玩教具，均涉及探究、組裝，完成一製作物或產生一效果，是很棒的 STEM 玩教具；而以上這些玩教具可以放在桌面、地板（毯）操作，也可以安裝在牆面或區角隔櫃背面，讓幼兒一面探究、一面創意操作與組裝。不過現在很多的市售建構積木甚至也結合科學原理於其中，實在很難劃分是屬於哪一類玩教具。例如樂高建構積木中有與齒輪、輪軸、滑輪、槓桿等結合，可以組裝成可移動的機械、車輛或上下左右輸送的載物結構等，幼兒必須自己探究並進行工程組裝產生製作物。又結合鏡子與塑膠積木的鏡面探索大積木，不僅可以組裝建構結構體如供幼兒躲藏的遊戲小屋，而且可以探索光的反射現象；還有一些建構片（棒）甚至結合磁力，成為磁力建構片（棒），讓平面造形瞬間轉變為立體結構，也可輕鬆解構立體，理解幾何圖形間的關係。

(2) 編程玩教具

編程即是編寫程式，幼兒下簡單的程式指令，讓玩教具隨從指令而動作或產生某一效果，無疑地是人類智慧產物（技術），對空間與方位推理思考、順序、計數、邏輯思考等認知方面的發展頗有助益（Bers, 2017; Kazakoff & Bers, 2014），它涉及數學、工程、技術、科學等面向，是很棒的 STEM 教具。市面上有趣的編程玩教具很多，如用圖像符號、不同顏色等下指令。適合幼兒玩的編程玩教具大多是以動物具象出現，在其背上有往前走、向右彎、向左彎等的簡單符號圖像指令鍵，以及附有一盤面供該動物依照指令反應或行走其上；若要該動物去某一目的地，幼兒須先思考在動物背上按下一連串的指令，然後放手讓它出發，看是否能到目的地，以判別指令下達正確否，若錯誤則需重新修改指令，諸如老鼠機器人（吃起司）（Robot Mouse）、蜜蜂機器人（Bee Bot）、多節毛蟲編碼（Code-a-Pillar）（毛蟲的每節上有一個指令鍵，幼兒須將各節指令排序，即連結成毛蟲讓其依指令行走）等玩教具。

此外，也有將指令選擇或操作鍵置於遙控器、手機或平板中，如蜜蜂機器人晉升版藍色機器人（Blue Bot）之最高階玩法，就是透過平板操作指令，使藍色機器人有所動作；再如樂高進階版 Lego boost 把傳統樂高積木超越拼接建構樂趣，變成可編程特性，即可在平板電腦上操控機器人的動作、聲音等。甚至有專門的電腦軟體如 Scratch Jr.，是一個免費下載的軟體，讓幼兒在電腦上操弄圖像指令編寫故事情節或遊戲，可使螢幕上的角色移動、跳躍、跳舞、唱歌等，在歷程中可以學習如何解決問題並發揮創意去設計（https://www.scratchjr.org/about/info）。

編程玩教具通常與電腦科技結合，稱之為插電玩教具，然而也有學者主張不使用電腦教電腦科學，即所謂不插電（Computer Science unplugged, CS unplugged），是以活動方式學習電腦如何運作（Bell, Witten, & Fellows, 2016）。事實上市售產品有以「桌遊」形式教授學前幼兒編程的機器跑跑龜（Robot Turtles），是以卡片排序來下達指令，然後在方格紙板盤面上依指令以手動的人工方式遊戲。研究者在歷次的 STEM 工作坊中曾進行此類自製編

程桌遊（圖 2-2-1.），甚至也改良成大型「地遊」編程遊戲（圖 2-2-2.），在大小肢體的運動中伴隨著空間推理、數學、順序、邏輯等思考的學習。編程桌遊、地遊均可創意自製易於落地實施，如果幼兒園經費有限，又想發展幼兒的編程思維與能力，不失為一良好選擇。

圖 2-2-1. 編程桌遊

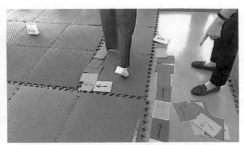

圖 2-2-2. 編程地遊

(3) 運用 AR 與插電玩教具

　　運用電腦媒介的玩教具種類也很多，除以上編程玩教具外，運用擴增實境（Augmented Reality）原理（簡稱 AR）的產品，是其中很夯的一種，它是在使用者的現實世界疊加數位創建的內容。對讀者比較熟悉的是一些服飾商家在顧客看中某件衣服時，可以不用在身上不斷穿脫地試穿，即可從鏡面影像中觀察到那件衣服在自己身上穿著的效果，方便顧客選擇購買。市面上也有很多的繪本讀物、卡片，只要透過平板電腦或手機 APP，就可以讓書中的動植物或物體產生一系列動作或特殊效果，如生長高大、轉動方向、跳離原來位置、出現拖曳痕跡、鑽過實心物體、由上墜落等，例如手機中的好餓的毛毛蟲 APP 就是一個例子。

　　運用 AR 玩教具可以引發學習動機，例如幼兒在積木區建構一座動物園，發覺沒有動物入住，遂運用平板中的 AR 軟體讓圖片動物活生生地出現在他搭建的動物園中，使遊戲增色不少。不過研究者更看重的是幼兒面對問題設法去解決，例如想到用黏土捏塑成各種動物，或從娃娃家、益智角教具盒中

暫時借用，或運用便捷的 3D 列印筆製作。當然也有其他類型的插電玩教具，重要的是，有些事物、現象直接可以從現實實物中觀察到或覺察到，不必一定要從平板或電腦中看到結果。例如研究者曾見七巧板操作遊戲，其實拼組是否成功從七巧板實體或圖紙中立即觀察可見，沒有必要透過電腦或平板去觀看結果，若為插電而插電認為這樣才能與科技接軌，則是迷思概念，因為幼兒的學習盡量應是具體而直接的。重要的是，幼兒能把這些運用電腦的玩教具當成「解決問題」的工具，例如前面的積木蓋動物園例子，若幼兒能想到運用 3D 列印機（如果有便於幼兒操作的類型，或運用 STEM 工作坊曾使用的便捷的 3D 列印筆），於探究中完成列印各種大小動物並置於動物園中，讓遊戲更為豐富，就是一個解決遊戲中問題的良好例子。

2. 供探究及製作的工具與材料

(1) 探究的工具

探究的工具主要是供幼兒進行 STEM 探究時所用，主要有以下幾種：

①電腦、平板與手機

此三種工具是幼兒探究過程中必須使用的工具，用來查詢資料或了解相關原理。例如幼兒想用積木蓋一棟創意的樓房，卻苦思不出如何展現創意，於是運用平板找出世界各大奇特或創意建築，以供建蓋時的參考；再如幼兒想要陀螺轉得又快又久，欲了解陀螺是如何運作的，於是搜尋電腦中的圖片或影片，以資理解。又手機有照相功能，可將各階段探究結果保存，以供前後比較或統整，也是探究的好工具；此外現在手機上有一些APP亦可滿足幼兒探究之需，例如在戶外探索時發現小蟲或不知名植栽，就可運用識別全能王、形色等APP加以查詢。綜言之，電腦、平板與手機這三種探究工具在實施STEM教育的幼兒教室中，是必須具備的，若能加上投影機，則幼兒各階段探究結果均可隨時投影，加以討論、比較與做結論。

②錄音工具

是指在觀察時可用來記錄當時狀況的錄音工具，以供事後回溯探討。坊

間產品形式多元，有方便的手錶式、錄音夾子（可夾書面觀察記錄）、錄音夾板（本身是夾板兼錄音功能，可一面觀察一面進行書面與錄音記錄）、錄音卡（本身就是一張大型卡板，可供畫圖並擦拭，且可錄音記錄）、錄音簿冊（可一頁頁裝入文書紀錄與錄音紀錄）、錄音公事包（可手提的多格設計，可插入不同圖卡並錄音記錄）等。

③觀察暨記錄（錄音、錄影）工具

現在有很多市售的觀察工具，具有錄音記錄功能，例如可變色光桌、放大鏡、望遠鏡等，不僅可觀察，又可同時錄下觀察心得，以供事後回溯研討；此外，也有可錄影像的顯微鏡，可即時傳輸於電腦，以供分析與比較。

④其他探究工具

其他有利幼兒探究時的工具均屬之，例如昆蟲箱、水族箱、培養皿等有利幼兒觀察之用，磁鐵、磁鐵棒有利幼兒探究磁力現象及了解物體的屬性，手電筒、天平、捲尺、漏斗、滴管等有利幼兒探究時之觀察、比較、溝通、驗證之用等。

(2) 製作的工具與材料

①製作的工具

製作的工具從幼兒園常用的剪刀、美工刀、白膠、膠帶、雙面膠等，到較不常用的鐵鎚、板鋸、線鋸、手搖鑽、固定器、熱熔槍、木頭膠、滑輪等，甚至也包括電動線鋸（裁切弧形）、電鑽、護目鏡等；此外，市面上有3D列印筆可以簡易操作製作出各種立體實物，在研究者 STEM 工作坊經常用到。

②製作的材料

製作的材料包括一般的黏土、紙張、塑楞板、毛根、冰棒棍等，到較不常用的木板、木條、鐵片、鋁片、鐵絲、鋁線、牙籤等；有時磁鐵也是很好的製作材料，如磁鐵雕創作、磁鐵畫。此外，回收材料也是STEM教育經常用到的，例如紙杯、紙盤、紙捲、紙箱、寶特瓶、鋁罐、線軸、竹籤、木

箱、塑膠桶、零碎布料、線繩、吸管等，可以作為解決問題之用，創作出很棒的製作物。例如積木區高速公路需要大卡車，就可用大型桶裝水桶、CD片等做出一輛；娃娃家醫院扮演需要掛號櫃臺，就用紙箱堆疊連接而成，可捲動的紙捲則當櫃臺上方的號碼顯示機；或者是加以組裝製作產生特定效果，如運用剖半的紙捲在網格上組裝成可溜彈珠的「坡軌」，運用毛線在網格上陳列可織成型式花樣的「編織牆」等。

3. 運用科學原理的自製玩教具

　　運用各種科學原理與幼兒一起製作的玩教具，不僅是 STEM 區角合宜的探索教具，也是 STEM 探究活動，茲舉例說明如下。

(1) 磁力原理

　　運用磁力原理尤其是「穿透力」帶動附有磁鐵或鐵器之物，可以製作許多的教具，種類包含手眼協調、配對與趣味性遊戲等，例如靠磁鐵棒操作有助手眼協調的「迷宮競走」、「S 彎道賽車」、「大河賽船」、「成蟲與幼蟲配對」、「釣魚遊戲」、偶可自由移動的「戲偶臺」等。其實磁鐵價位便宜，可大量購買讓幼兒體驗相斥相吸、穿透力現象，最重要的是教師可與幼兒共同思考、發揮創造力以製作成各種玩教具，是很有吸引力的 STEM 探究活動。

(2) 電路原理

　　運用電路原理（電路三要素：電池的「電源」、電線的「導電體」與小燈泡的「電器裝置」）製造「斷路」與「通路」，就能做出會發亮的玩教具，如果換成蜂鳴器或小馬達，就變成會鳴叫或轉動的玩教具，可製成教具種類包括手眼協調、配對與趣味類（如積木怪獸的發亮眼睛）等。圖 2-2-3.「足球射門」是鋼珠踢進球門達陣就形成完整迴路使燈泡發亮的自製玩教具、圖 2-2-4.「請小心走」是操作筆走到鋁箔紙處形成完整迴路使燈泡發亮的自製玩教具，二者均是研究者任教澳門大學時，學生的課堂作品。電路

圖 2-2-3. 足球射門

圖 2-2-4. 請小心走

組、蜂鳴器、小馬達也很實惠，建議多加購買讓幼兒試著探究、組裝，或是師生共同構思、製作創意的教玩具。

(3) 反作用力原理

運用反作用力原理與橡皮筋彈力可以做出許多玩教具，例如圖 2-2-5. 研究者做的「打槳快艇」，橡皮筋如同引擎，當扭轉與放鬆附著的槳片將潛在能量轉變為動能，帶動槳片衝擊水面，引發船體向另一方向前走；圖 2-2-6. 國外友人製作的「神速烏龜」也是一樣的原理，當拉緊線繩後又放鬆時，烏

圖 2-2-5. 打槳快艇

圖 2-2-6. 神速烏龜

龜急速向前移動。另外利用反作用力與空氣原理做成的「風力車」（圖2-2-7.），因空氣從吹脹的氣球中急速湧出，推動地面，於是車子急速向另一方向前進，則是澳門大學同學所製作的。

圖 2-2-7.　風力車

(4) 其他原理

　　其他還可運用的科學原理很多，諸如利用壓扁的吸管對著水面吹氣製造上下不同氣壓與水面震動的「水鳥笛」（圖 2-2-8. STEM 工作坊學員的製作物）；利用光與兩面鏡子讓其反射兩次而製作的「潛望鏡」；利用輪軸原理、竹筷與寶特瓶製作的「小汽車」；運用橡皮筋彈力與槓桿原理製作的「投擲器」等（圖 2-2-9. 研究者製作）。

圖 2-2-8.　水鳥笛

圖 2-2-9.　投擲器

（二）公共空間之規劃

公共空間是在各班活動室外但是在整個建築物內區域，或半戶外的共同使用空間，包括接待（聯誼）大廳、戶內轉換或觀賞空間、廊道（建築物內或半戶外）等。這些空間是幼兒早上來園或休憩時間必經之處，所以在做STEM探索的環境規劃時，除了要特別強調溫馨美感、多元變化與健康安全等項規劃通則外，一定要能吸引幼兒駐足徘徊，或願意投入遊戲、探索。因此一些牆面上涉及科學原理的操作或組裝設計，就顯得非常重要，因為牆面裝置比較不會阻擾交通動線，例如坡軌牆、鑲嵌積木牆、編織牆、齒輪牆、白板牆、叮咚牆等，這些牆面有市售現成的（圖2-2-10.、圖2-2-11.），幼兒園也可自己裝設（圖 2-2-12.），重點是幼兒可以一面探索、一面操作或組裝，體驗科學、工程、技術、數學等整合領域。圖2-2-10.～2-2-12.是研究者輔導的深圳盛世江南幼兒園在廊道與戶內轉換空間的設置。

圖 2-2-10.　市售坡軌、齒輪牆

圖 2-2-11.　市售鑲嵌積木牆

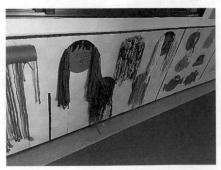
圖 2-2-12.　幼兒園自行裝設的編織牆

二、戶外 STEM 探索物理環境

　　戶外空間整體規劃也要做到遊戲探索、多元變化、社會互動、彈性潛能、溫馨美感與健康安全等六項幼兒學習環境規劃通則（周淑惠，2018c）。研究者非常認同 Essa（1992）所言，戶外區域品質的提升，也可像活動室內區域劃分一樣，創造一些明確的學習區域；就此，研究者認為可以有組合遊戲結構區、自然種植區、沙／土與水區、草坪嬉戲區、硬表層多功能區、附加零件建構區、動物觀察區、隱密／遊戲小屋等，完全視園方空間大小、經費與幼兒需求而定。至於其具體規劃則要做整體性多元區域規劃、設循環且分支動線、重自然景觀與微氣候、創挑戰、創意與想像情境、保留白或彈性空間、重安全與定期維護（周淑惠，2018c）。不過針對 STEM 探索，戶外空間可聚焦於以下四項元素。

（一）自然元素

　　自然元素如陽光、空氣、水、土／沙、動植物是最寶貝的，也是最棒的遊戲、探索元素，有太多的自然元素可以探索、遊戲，並從中體驗如何解決問題與 STEM 教育連結。例如如何運用植栽、樹木搭建小樹屋？如何挖渠引水至某處蓋蓄水庫？如何建蓋穩固的沙堡、土厝或樹枝屋？如何在小水渠上蓋橋？如何將東西省力地運到土坡上？如何在樹枝間製作鞦韆？如何將沙坑的沙運到木平臺上去？如何幫小狗或小鴨子蓋小屋？因此幼兒園要有豐富的自然環境，或者是半自然環境，尤其是要進行 STEM 探究的園所，如擁有豐富的植栽，以及沙坑、土丘、隧道、涵洞、生態池、小水道等多元層次設計，必定讓幼兒的遊戲、探索更為盡興與到位。圖 2-2-13.與圖 2-2-14.分別是西安交大陽光幼兒園與深圳南山機關幼兒園的戶外小土坡，其高低層次讓孩子的遊戲更具複雜性；圖 2-2-15.與圖 2-2-16.是杭州京杭幼兒園的沙池與沙坡道及石池設計，且伴隨著滑輪、水桶、篩盤、鏟子等附加零件，讓孩子的遊戲更為多元變化；圖 2-2-17.是雲南昆明圓通幼兒園戶外遊戲場的水道設計，

圖 2-2-13. 遊戲場小土丘

圖 2-2-14. 遊戲場小土丘

圖 2-2-15. 遊戲場沙池與滑輪

圖 2-2-16. 遊戲場沙坡道與石池

圖 2-2-17. 遊戲場小水道

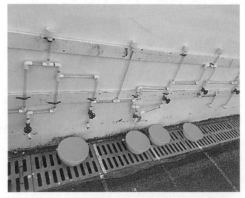

圖 2-2-18. 頂樓牆上的水流預測遊戲組

在另一處水道還裝置水車。如果限於空間，也要盡量讓幼兒有接觸自然元素的機會，圖 2-2-18.，是研究者輔導的深圳盛世江南幼兒園頂樓的「水流預測遊戲組」，因該園位於小區內，園所本身綠地空間有限，只能善加運用有限空間；此外，如果沒有戶外植栽區，也可運用大型容器在廊道或半戶外空間的牆邊，讓幼兒有種植與欣賞植栽的機會。

（二）附加零件

附加零件原文是 loose parts，其意是在戶外遊戲場中可外加並移動的材料或物件，所以研究者將其翻譯為「附加零件」。它可以激發廣泛多樣的遊戲形式（Frost, 1992; Rivkin, 1995），包括人造物與自然物，甚至是回收物，可自由拼組、運用解決遊戲中各項問題，在 STEM 教育上十分關鍵。當然這些附加零件也可用於室內區角或環境中。

1. 人造物

人造物不勝枚舉，包括玩教具、工具、用品與回收再利用物等，例如：各種物品（輪胎、箱子、紙箱、棍子、PVC 管、水管、寶特瓶、鋁罐等）、各種工具、用具或機械（鏟子、槌子、桶子、鍋盆、滑輪等）、各種材料（磚塊、木板、布塊、紙箱、毯子、塑膠布、塑膠繩、麻繩等）、有輪玩具（小手推車、三輪車、滑板車、玩具卡車、有怪手卡車等）、一般玩具（娃娃、機器人、大積木等）皆屬之。重要的是，這些人造物可以單項運用或與其他人造物拼組、製作成其他有用物品，解決遊戲上的問題。例如數個大輪胎可建蓋成爬行的隧道；木板可以搭成溜滑梯或滾球的坡道，或是搭建小溝渠上的棧橋；麻繩與木條或輪胎可掛在樹上做成盪鞦韆；回收的 PVC 管、寶特瓶可用來建構水道引水至某處成水庫，或是組裝多入口的坡軌以混和色水；不同材質的鍋盆或容器可以掛在格架上，讓幼兒自行探索與組裝成叮咚牆；小手推車可載運磚塊到幼兒的建築工地，並運用木板斜坡將磚塊滑送到地基等。

2. 自然物

　　自然物種類繁多，舉凡：樹枝、樹幹、大長豆莢、大芭蕉葉、竹籬、砂土、石頭、松果、椰子、蜂窩、鳥巢等皆是也。完全利用自然物或者是與人造物附加零件結合，可以玩出許多 STEM 相關遊戲，例如運用樹枝交叉加上濕泥土可建蓋成天然小屋，樹枝與布塊或繩索結合可蓋出遊戲小屋；大輪胎四周立上樹枝、大芭蕉葉子可成為堡壘基地等。圖 2-2-19.、圖 2-2-20.是雲南昆明圓通幼兒園的戶外遊戲場一角，裡面有粗細兩種枯樹枝、竹竿、布塊可供幼兒操作，三根竹竿、呼拉圈與布塊就組成一個小帳棚。圖 2-2-21.是深圳南山機關幼兒園的沙池裡充滿了各種附加零件，可讓孩子進行 STEM 探究。

圖 2-2-19.　遊戲場中附加零件

圖 2-2-20.　遊戲場中附加零件

圖 2-2-21.　遊戲場中附加零件

就此，請讀者思考圖 2-2-17. 小水道旁可以擺放什麼附加零件，使之利於 STEM
探究呢？

（三）遊具結構

　　目前的遊具結構多是傾向大型組合的設計，大型組合的遊戲結構是一個
具有多功能的遊戲體，將多樣遊戲結合在一起。在規劃設計時的具體原則
為：重創意與多功能的組合遊戲設計、創可選擇的挑戰性設計、具高於地面
的各層平臺與銜接、具清楚的成就展示點與可撤離點、設隱密／想像的小遊
戲空間、示多元與明顯的出入口、作暢行無阻的動線設計、顯安全與保護的
座落與材質（周淑惠，2018c）。它的整體或部分造型可以只是各種類遊具的
連串組合，而為更符合 STEM 探索，建議是引人各種迴思的新奇獨特造型或
模糊結構體，讓幼兒可以想像、扮演並據以延伸及建構相關作品。它含以下
幾項設施。

1. 基本體能遊具

　　例如單槓、攀爬網、吊環拉槓、滑梯、鞦韆、消防滑桿等基本遊具，可
以進行爬、拉、盪、吊、滑等大肢體活動。為了進行 STEM 探索，建議遊戲
結構體向外延伸蹺蹺板（槓桿原理）、平衡木（槓桿、重心）、旋轉設施
（離心力）等，並放置一些麻繩、木板、木條、塑膠布、小輪胎、紙箱、大
線軸、容器、工具等附加零件，讓幼兒體驗科學原理或自己組裝鞦韆、小手
推車、堡壘、小屋等，甚至是製作、改裝其他遊戲需求的設施。

2. 階層平臺與空間

　　遊戲體通常有階層，具有大小平臺與空間，可以進行扮演、想像等社會
性遊戲，也可作短暫的休憩。為了進行 STEM 探索，建議不同結構體橫向之
間或同一結構體上下之間，設有滑輪裝置，讓幼兒可運送所需玩具或物品；
或者是準備一些捲筒、麻繩、桶子、竹竿等附加零件，讓幼兒隨遊戲需要自
行組裝可運送物體的裝置。或者是用附加零件嘗試製作繩梯、滑桿以聯繫不

同階層，織結繩網以保護平臺空間，更加符合 STEM 探索的需求。

3. 涉及科學或其他操作介面

　　除一般的操作活動如井字連線活動、立面嵌入拼圖、塗鴉板等外，為了有利 STEM 探索，建議遊戲結構體在適當處如平臺、高臺、側面等，鑲嵌或組裝涉及科學原理的觀察物與操作物，如滑輪、輪軸方向盤、齒輪組、色水瓶、彩色玻璃組、反光鏡、哈哈鏡、風鈴、音鐘、蛇形傳聲筒、斜坡、風向器等；也可準備彩色玻璃紙、放大鏡、安全鏡片、水管、風車等附加零件讓幼兒探索並依遊戲需求而運用。

4. 結構體下沙土堆

　　結構體底下的空間與其延伸處通常會堆置沙土，建議鄰近水源並提供容器、漏斗、天平、鏟子、水桶、玩具卡車、磚塊、花灑、PVC管、滑輪等移動性附加零件，可以挖渠引水、建水道、挖水庫、蓋沙堡、搭小屋、上下或平行運送沙石等，增加遊戲的複雜性與多元性，更趨近 STEM 探索。

（四）戶外藝術與其他

1. 藝術

　　戶外空間可以探索的元素真的很多，除了以上所述之外，尚可以進行藝術性活動，因為有些藝術活動需要較大場地創作，且在戶外進行更為方便，例如運用各色色水噴嘴瓶對著懸掛的大幅棉布噴灑之「七彩混噴畫」，當噴灑於白布的不同色水相互滲透時，交織混合出漂亮的色彩（毛細作用）。再如將畫瓶（內裝顏料色水、黑白或彩沙）懸吊於支架中間，用力使之擺盪在地面大幅紙張上留下擺盪痕跡的「鐘擺畫」。又如收集掉落的花果草葉，進行用槌子搗碎的天然汁液的「印染畫」，或是「花環頭冠編織」；以及幼兒塗鴉後，可用水沖洗掉的「塗鴉牆」，也是很好的活動。

2. 其他

　　此外，戶外空間還可以進行與聲音探索有關的藝術活動——叮咚牆，幼兒可運用各式鍋具或容器自行探索、組裝叮咚牆面，並選擇各種材質的打擊棒以敲織出美妙的聲音。由於戶外區較寬廣其聲浪相對小於室內，因此一些吵雜的 STEM 活動如木工創作，就可在此處的半戶外空間進行；又一面運用心智、一面運用大肢體的編程地遊活動，相對喧鬧些，也可在戶外硬表層區進行。

三、小結

　　從以上自然元素、大型組合遊具、附加零件、藝術及其他四項戶外環境可聚焦的 STEM 要素論述中，可見在設計上的「彈性變通」與「創意巧思」，以及在遊戲上幼兒「可依需求自由創變」，是強化 STEM 探索的三項重要原則，果若實現，則勢必能裨益幼兒的 STEM 探索經驗。其實這三項原則也是增強幼兒戶內 STEM 探索經驗的不二法則，無論是在室內區角、公共空間的創設，或是玩教具的選、製、用方面均脫離不了這三項原則。

第三節 幼兒STEM教育之軟體基礎——探究取向主題課程

上節探討幼兒 STEM 教育之硬體基礎——物理環境，本節旨在探討幼兒 STEM 教育之軟體基礎——探究取向主題課程，包含它的意涵是什麼？與 STEM 教育的關係是如何密切？以及要如何設計等？以更加理解如何具體開啟幼兒 STEM 教育。吾人以為在軟硬體深根基礎之上，幼兒 STEM 教育之開展，則指日可待！

一、探究取向主題課程的意涵

探究取向主題課程從字面顯示是具有探究特性的主題課程，簡稱主題探究課程，研究者早年即投入此領域研究，曾綜合文獻將其定義為：「通常是師生共同選定與生活有關且含涉多學科面向的議題或概念，作為學習之探討主題；並設計相關的學習經驗，試圖『探索』、『理解』該主題，且『解決』探究過程中相關的問題，以統整該主題脈絡相關的知識與經驗。因此它的特徵是具有統整性與探究性。」（周淑惠，2006，2017a）。

其實根據文獻，主題課程（Thematic curriculum）在本質上就具有探究特性（Beane, 1997; Campbell & Harris, 2001; Krogh & Morehouse, 2014），為何研究者還特意加上探究取向四個字？此乃考量坊間所實施的主題課程多缺乏探究性，充其量只是拼盤式表淺地將相關活動合在一起，例如一個「寵物」主題，看似各個活動與主題都有相關，如寵物圖書閱讀、寵物故事說講、寵物繪圖、寵物捏塑（黏土）、金魚與貓狗觀察、體能律動（貓走、兔跳或歌謠）等，完全看不出有「探究」寵物的任何相關問題，例如寵物吃什麼？寵物喜歡什麼？有什麼習性？寵物生病徵兆是什麼？寵物平日要如何照護？寵物住處或寵物樂園要如何建置或布置等？因此特意冠名「探究取向主題課程」加以識別，顯示所提倡的是強調真正具有探究精神的主題課程。

換言之，主題探究課程的重要精神是運用亦稱為探究能力的「科學程序能力」（如觀察、查資料、分類、紀錄、推論、驗證、溝通、比較等）與領域相關知能去探究一個主題，以獲得主題相關知能，並運用知能去解決在探究歷程中所萌生的問題，而非只是膚淺地拼湊各學科領域（周淑惠，2017a）。所以知識、技能成為探究時的運用工具，知識與技能是一面探究、一面獲得與運用，即具現學現用特性，例如上述「寵物」主題於探究貓的習性及如何照顧相關知能後，隨即投入貓樂園的建置中；又「好吃的食物」主題於探究食物的烹調知能後，隨後投入創意料理的製作或親子饗宴活動中；建構食物的營養價值後，隨即進行飲食日誌的記錄，檢核是否攝取垃圾食物。因此課程內涵自然地臻抵數個學科或領域的整合境界，課程特色不僅顯現探究性，而且也呈現統整性。

二、探究取向主題課程與 STEM 教育的密切關係

　　主題探究課程最顯著的特徵是探究性與統整性，那麼它與 STEM 教育的關係為何？有何異同？為何本書將其視為幼兒 STEM 教育之軟體基礎？試分析如下。如第一章言，研究者曾綜合相關文獻提出 STEM 教育的意涵為：「針對生活中的問題，透過工程的設計、製作與精進的核心活動，以為課程與教學主軸，歷程中並整合運用科學與科學探究、數學與數學思考、以及技術與工具等，以產生製作物暨解決實際的問題。」其主要特徵有四：解決問題、探究、工程活動與整合課程。顯而易見的是，主題探究課程的探究性與統整性特徵，也為 STEM 教育的特性，二者似乎密切相關。表 2-3-1 比較探究取向主題課程與 STEM 教育，可以看出兩種課程大體上非常接近。

　　進一步分析，雖然主題課程的目標主要在探究與理解主題與其相關概念，其實在選擇主題時即已考量與生活相關，而且在探究主題的歷程中，也會自然地解決歷程中的相關問題，很多都是與生活面向有關的，因此其課程目標也含有 STEM 教育之解決問題成分，其課程內容也涉及 STEM 教育之生活中問題，甚至更廣泛地包含生活中議題。兩種課程些微不同之處在於主題

表 2-3-1　探究取向主題課程與 STEM 教育之比較

項目 \ 類別	探究取向主題課程	STEM 教育
目標	探究與理解主題 解決探究歷程中問題	解決生活中問題
內容	生活中議題	生活中問題
方法	探究 （過程中運用相關領域知識，含STEM 領域，但不特別強調）	探究 （過程中運用 STEM 領域知識）
活動歷程	探究與表徵 （多元表徵歷程亦含工程程序，產生製作物，但不特別強調）	工程程序 （設計、製作與精進以產生製作物）
課程呈現	統整性 （通泛的各領域知識，亦含STEM 領域，但不特別強調）	統整性 （STEM 領域知識）

探究課程並不特別強調工程歷程，而 STEM 教育是重視產生製作物的工程歷程。主題探究課程中的幼兒於探究過程中會試圖「表徵」所獲，其表徵方式多元可能是藝術或塗鴉表達、肢體或口語表達，也可能是涉及工程製作的製作物呈現，所以並不表示主題探究課程沒有涉及工程歷程，很多課程在解決探究歷程中的問題時，經常也會歷經工程程序產生製作物，只是以探究與表徵通稱整個活動的歷程，不特別強調工程程序。

　　例如有名的主題探究課程「甘蔗有多高？」就是在探索甘蔗的歷程中種起甘蔗，然而甘蔗被拔了要怎麼防護呢？幼兒面對此一問題興起圈圍柵欄念頭，開始從畫設計圖、預估材料、購買材料到著手製作的歷程，製作過程中則解決許多問題，例如木條如何裁切一半？木頭插不進土中怎麼辦？要怎麼圈圍出柵欄？柵欄的間距如何一樣？最後在釘製過程中，也發生問題，幼兒將間距畫記在園圃地面，入教室時要將木條釘到橫桿時，不知要釘在哪裡？於是拿著橫桿再到菜園劃記，整個過程在不斷試行與修正中，終於圍好柵欄（臺中愛彌兒教育機構、林意紅，2013）。可以說此一主題探究課程歷經

STEM 教育所重視的設計、製作與精進並且產生製作物的工程過程。

　　此外，此二課程另一個稍微相異之處是，二者均強調在探究過程中運用探究能力與相關領域知識，但是主題探究課程所運用的係指通泛的各相關領域知識，使課程呈現整合樣貌，並不特別強調 STEM 學科領域──科學、數學、工程、技術等，事實上許多主題探究課程在探究與解決問題歷程中，也會運用 STEM 各領域知識。例如幼兒在以上「甘蔗有多高？」主題之工程歷程中，也運用了數學（預估木頭數量、將每根木頭裁切一半、測量一致的間距）、科學（將木頭削尖插入土中、加橫桿讓柵欄穩固圈圍）、技術（運用裁切、削尖的技法與測量的工具）等 STEM 諸學科。

　　再如「木頭真神奇‧看我變魔術」主題探究課程在整學期的主要活動中──解決教室板凳壞了的板凳製作、探索木頭可以做什麼的木頭製品、想要了解更多木頭知能的木工廠參觀、嘗試探索新技術的雕刻製品、應隔壁班弟妹們為展示作品而要求的三層櫃製作，及最後呈現主題進展的成果展，其實運用了許多科學、數學、工程、技術等知識。以三層櫃製作為例，幼兒面臨諸多問題──要如何做成三層櫃？如何讓整個櫃子的結構平衡不倒（科學）？要如何將木條均分為三等份（數學）？要運用什麼工具與技術來裁切（摺合鋸、尺等）與黏合（木頭膠等）（技術），從畫設計圖開始，一步步解決，並歷經修正過程（工程），終於完工送給隔壁班弟妹，還附了使用說明書（語文）（周淑惠，2017a）。可以說整個探究歷程中，也運用 STEM 教育所重視的 STEM 諸領域知識，甚至還更廣泛地呈現課程整合樣貌。

　　再以「千變萬化的衣服」主題為例，說明主題探究課程無異於 STEM 教育。在此課程中幼兒探索幾個重點──衣服哪裡來？（怎麼做成的？線從哪裡來？線、布與衣服的關係？要如何製作？）、衣服與人的關係（不同氣候的穿著服裝？我穿幾號衣服？）、衣服如何千變萬化？（有什麼樣式、圖案、材質、裝飾等？衣服上標籤之文圖代表什麼？）最後幼兒興起幫自己的娃娃製作新衣服念頭，於是每位幼兒從家裡帶來心愛的玩偶，從畫設計圖開始，歷經測量、製版、剪裁、縫製、燙熨等程序，終於完成別出心裁的娃娃

衣服，最後展示供大家觀賞（周淑惠，2006）。

　　這個課程無疑地是個探究取向的主題課程，幼兒運用各種探究能力探索主題及主題相關概念，例如「觀察」商場各櫃位的衣服、教室所蒐集的各式衣服、衣服製作影片、服裝雜誌等；參觀並「訪談」裁縫師有關衣服如何製作；「記錄」觀察、訪談所得；上網「搜尋」衣服材質的資料、「查閱」圖書；「比較」衣服的樣式與質料、春夏秋冬衣服之不同並「作結論」；以紙張摺剪方式「驗證」所分享的製衣步驟正確與否等。此外，也將主題探究中所獲相關知識（衣服的樣式、衣服如何製作等），運用於如何幫娃娃製作新衣的問題之上，充分說明主題探究課程通常也會產生製作物暨解決問題，而且整個歷程也涉及 STEM 各領域知識的運用，使得課程具有整合性，如表2-3-2 所示。研究者所要表達的是，這個主題探究課程發生在很久以前，當時尚未有 STEM 課程出現，然而在實質上卻無異於實施幼兒 STEM 教育。

表 2-3-2　「千變萬化的衣服」主題之 STEM 分析

涉及領域	活動之 STEM 分析
S（科學）	• 探究衣服的材質、線與布與衣服關係、製作步驟等，體驗其中科學原理 • 運用科學程序能力（觀察、訪談、搜尋與查閱資料、記錄、比較、驗證等）
T（技術）	• 運用電腦、圖書雜誌搜尋資料 • 運用製作技法：製版、描圖、裁剪、熨燙、縫製等 • 使用人類智慧產物：熨斗、縫衣針、軟尺、布料、線等
E（工程）	• 設計衣服樣式、製版、描圖、裁剪、熨燙並縫製成衣服
A（人文藝術）	• 展現衣服整體外觀樣式及其美化 • 繪製參觀百貨公司之紀錄、衣服製作步驟等 • 繪畫設計圖
M（數學）	• 測量：布面與娃娃尺寸 • 估算：布料面積與娃娃衣服實際所需、線長與縫製所需 • 空間推理：分配布面、持針縫製方向等

綜上，可見主題探究課程之活動歷程中重視的是多元表徵而不限於產生製作物，以及廣泛運用和整合各領域知識而不限於 STEM 領域，整體而言更寬廣於 STEM 教育。事實上它在探究歷程中，經常為解決萌發的相關問題，而歷經工程程序與運用數學、科學、技術等知能，以產生製作物，只是並不特別強調工程程序與 STEM 領域知識，就此而言其課程樣貌幾乎無異於 STEM 教育。職是之故，研究者認為主題探究課程是 STEM 教育的重要切入平臺，因為在課程主要精神的探究歷程與氛圍下，幼兒不僅會發現有許多問題有疑慮待解決，而且也易使其投入生活中問題加以解決。臺灣幼兒園課程最高指導文件《幼兒園教保活動課程大綱》所強調的就是探究精神與統整課程，因此面對 STEM 浪潮，研究者認為各幼兒園只要奉行教保活動課程大綱指導文件之探究精神，在主題進行中多加導向以製作物解決問題，就會自然歷經工程程序，並在歷程中檢視課程的 STEM 各領域是否俱全，如果 STEM 各領域稍嫌不足，則加以強化或豐富，即形同實施幼兒 STEM 教育，不必為此浪潮重起爐灶重新架設課程。

三、探究取向主題課程的設計

　　如上所分析，主題探究課程是幼兒 STEM 教育的良好切入平臺，只要在原有課程基礎上多加導向以製作物解決問題，並檢視與微調課程中的 STEM 各領域成分，即形同實施幼兒 STEM 教育。再而本書主張以漸進方式實施幼兒 STEM 教育，因此尚未依據課綱探究精神而實施課程者，可以先由嘗試個別的探究活動開始並趨向以製作物解決問題的 STEM 探究活動，再進階至以主題脈絡統整的 STEM 探究課程，以下介紹主題探究課程的設計，包括預定主題方向與設計活動內涵兩個重要步驟，本部分在研究者《面向 21 世紀的幼兒教育：探究取向主題課程》一書中有詳盡的說明（周淑惠，2017a），此處僅為簡述。當然主題探究課程也可以是萌發式而非預設的，但是較為考驗教師的應變能力，建議循序而上、逐步發展，故此處僅先論述預設課程。

（一）預定主題方向

　　主題方向之確立有三項原則：(1)符合幼兒需求的「主題選擇」；(2)以概念為先的「網絡圖繪畫」；(3)以彈性為要的「整體設計」。

1. 符合幼兒需求的「主題選擇」

　　教師在開學前挑選主題時，可從幾個角度思考：(1)符合現階段幼兒發展需求，如因應閱讀習慣養成與體能發展的「我愛繪本」、「體能遊戲大挑戰」等主題；(2)遵從幼兒學習特性，即選擇具體化、經驗化與生活化的主題，如與幼兒生活相關的「好玩的水」、「社區與環保」等主題；(3)滿足幼兒興趣，因興趣乃探究的引擎，如「滾動與轉動」、「童玩樂趣多」等幼兒喜愛的主題。建議從幼兒家庭與學校生活中的人、事、時、地、物面向開始構思與選擇，並日漸向外擴展至社區或社會面向。職是之故，老師要本其專業，熟諳幼兒的發展、學習的特性，也要經常關注與觀察幼兒，對其感興趣的人、事、時、地、物瞭如指掌，才能預做規劃選擇符合幼兒需求的主題。

2. 以概念為先的「網絡圖繪畫」

　　繪畫網絡圖是主題課程設計最常用的策略，是教師預定主題方向及幼兒學習的一項重要工具，它定義了主題探討的範圍或內涵，並且可檢視各教學領域的均衡性（Krogh & Morehouse, 2014）；同時它也是幫助孩子思考與學習的概念組織工具（Bredekamp, 2017）。除運用網絡圖繪製設計外，也可運用其他圖像工具如心智圖繪圖軟體，或是樹狀結構圖；教師可透過合力腦力激盪、查閱相關教案資料或向他人諮詢方式，以發展並繪製「主題概念網絡活動圖」。

　　而主題概念網絡活動圖的繪製應以概念為先，始於一個中心主題，然後向外確立與主題相關的各「大概念」，其次才設計用來探索主題與概念的「活動」，即「先概念再活動」的繪製原則，並以概念來統整各個領域知識，因為主要目的是要探索主題的自身，如第四章圖 4-1-4.「房屋」主題概

念網絡活動圖所示（請先忽略紅色小三角形）。值得一提的是，它與主題設
計直接切入各學科領域活動的「多學科課程」（Multidisciplinary curricu-
lum），是非常不同的（Beane, 1997）。多學科課程則有如本節開頭所提及之
「寵物」主題，主題之下直接設計語文、藝術、體能等各領域活動，未經過
主題相關概念分析。

3. 以彈性為要的「整體設計」

　　整個課程設計要富有「彈性」，兼容並蓄計畫性與萌發性——在預定主
題方向之初即應先為幼兒需求設想規劃，但也需留白有可萌發生成的空間，
而且也能容許彈性調修。因為有時幼兒會對預設課程中的某一概念或活動特
別感到興趣，想要深入探究或多加投入；有時則是對老師設計的概念方向與
相關活動，不感興趣；甚而是幼兒臨時對與主題相關的某項活動或事物萌發
興趣，此時教師就應彈性調修，容許臨時萌發的方向或活動，以滿足幼兒的
探究興趣與需求。而且有時生活中的偶發事件或社會上正發生的大事，極具
教育意義，也必須臨時彈性地納入課程與教學之中。

　　值得一提的是，彈性也可顯現在預設課程的網絡圖繪製行動中，與孩子
共構是預設課程中較為開放的型態，研究者極力建議課程設計之初不僅在主
題選擇上符合幼兒的需求，而且也開放接納幼兒對課程與教學活動的想法。
例如可以在團討時呈現教師設計的概念網絡活動圖並與孩子深入對談，當場
了解孩子的舊經驗及想法、興趣，修改原規劃概念與活動以納入孩子的想
法，邁向師生共構的預設課程境界；或者是一開始教師繪畫網絡圖，也與幼
兒於團討中繪畫孩子的網絡圖，然後兩相比較在綜合考量與討論後共構出預
設課程。綜言之，預設課程可以是師生共構的，讓幼兒參與其內，不僅只有
教師設計，讓課程的實施更貼近幼兒的興趣與經驗。

（二）設計活動內涵

　　預設的主題探究課程在確立主題方向後，接著就進入活動內涵的設計，

而其設計必須滿足以下三項原則：

1. 能運用探究能力的活動

　　主題探究課程最大的特徵就是探究性，因此在規劃概念下的活動時，盡量能設計探索未知、解答疑惑、解決問題等能運用「科學程序能力」（即探究力）的活動，這些探究能力包括：觀察、推論、測量、找資料、記錄、比較、驗證、訪談等。以圖 4-1-4.「房屋」主題為例，「特別房子」之「特殊用途」次概念下的「探訪安養之家」活動，就是「觀察」、「訪談」、「記錄」與「比較」安養之家與一般住房之差異，以發現老人的特殊需求；「建築裝潢」之「材質」次概念下的「小建築師：土、沙屋」活動，就是在「實驗」土屋、沙屋的堅固度，過程中會運用「觀察」、「比較」、「預測」、「溝通」等探究能力，以解惑那種材質較為堅固；而「我的創意樓房！」活動則是透過實際行動建蓋有創意的樓房，在歷程中自然地遭遇各項問題，如樓房有哪些創意形式？哪些重要結構？如何讓積木建蓋的樓房穩固不倒？促發多元探究能力的運用，如「搜尋」電腦上資料、「比較」不同樓房的形式、「推論」如何建蓋、以行動「驗證」想法等。較能引發探究能力的活動如下所舉之例：

(1) 探索未知事物

　　如「寵物樂園」主題中，幼兒想幫小倉鼠蓋一座遊樂園，小倉鼠的習性是什麼？牠喜歡什麼？要如何製作？都是幼兒未知的、亟待探究的問題。「春天萬象」主題中，幼兒想種植小黃瓜，孩子對實際種植活動頗感陌生，不知如何種植與照顧，例如是要種在陽光多還是陰暗之處？除澆水外還需要什麼照顧或營養呢？如何讓綣曲蔓爬的莖向上生長？有蟲害該怎麼辦？都是幼兒未知的、有待探究的問題。

(2) 解答疑惑

　　例如「光與影」主題中在製作影偶臺時，老師的手掌比幼兒大，為何投

影於布幕上反而看起來比幼兒小？「好玩的水」主題中在以黏土製作船隻時，將小黏土團與一大片黏土放入水盆中，黏土團怎麼會沉了下去？「生活中的機械」主題中，將較重的箱子與較輕的積木置於蹺蹺板兩邊，為何箱子反而被高高翹起呢？以上都是一些讓幼兒頗感疑惑、百思不解的問題，亦即現象與幼兒之認知發生衝突，有待釋疑。

(3) 解決問題

　　如前例「春天萬象」主題種植小黃瓜後有許多蟲害，也經常被小動物踐踏，兩種狀況各該怎麼辦？「好玩的水」主題中在挖渠引水時，孩子興奮與熱切地探索著水的各種特性，在進出之間將大塊汙泥帶到走廊，教師可請幼兒思考如何清洗有大塊泥垢的地板（可解決的方法如：用水桶裝水沖、將水管開口壓扁使噴出水、先用板子鏟起再沖等）？又「房屋」主題中如何讓積木建蓋的樓房穩固不倒呢？

2. 能發揮創意思考的活動

　　「創造力需要求知與表徵做連結，開啟孩子的一百種語言。」（Edwards, Gandini, & Forman, 1998: 77），也就是探究是創意表徵的前奏曲，所以孩子探究後務必給予充分的表徵機會。建議教師在主題探究課程中，除了多能設計（或引導幼兒）運用探究力的活動，並且鼓勵幼兒以多元方式創意表徵其探究發現，使展現令人驚豔的一百種語言。也很重要的是，教師在設計主題活動時，盡量少抄襲坊間教材或現成參考資源，希望能有創新發想成分，讓幼兒於主題活動中能發揮與展現創造力，這也是幼兒創造性課程要旨（周淑惠，2011）。例如在「體能遊戲大挑戰」主題中，進行以多元方式在兩個定點距離間移動身軀的「移位律動」；合作扮演六隻腳昆蟲行進中的「怪蟲奇奇」活動，均是可以讓幼兒將探究身體部位與動作之所得，運用創意加以多元表徵（此二活動請參見拙著《創造力與教學：幼兒創造性教學理論與實務》）。

　　再如在「好吃的食物」主題下，進行「繽紛蔬果汁」、「萬象沙拉」、

「點心大廚」等，均是讓幼兒可以發揮創意的活動，如三明治可以是內凹的盒形、口袋狀、圓形、五角形、星芒形等，夾層內容有如榴槤泥、紅豆泥、香蕉泥、冰淇淋等各式變化；壽司外形與內容亦是如此，甚至搭配顏色與造型。此外在「食譜寶典」活動中，幼兒更可以大膽地將不同材料結合，運用探究歷程中所學知能與創造力，繪出色香味俱全的菜色，如鍋巴巧克力捲餅（酥脆鍋巴淋上巧克力醬裏於捲餅中）、脆片榴槤手卷（冰淇淋甜筒內裝榴槤泥與喜瑞脆片）等。

3. 針對目標並均衡領域的活動

　　目標是教學活動的依歸，在主題概念網絡活動圖中，各個活動是為探索或達成概念目標而設計的，如「城鄉房子有何不同？」活動是為探索「城市房子」與「鄉村房子」次概念目標而設計的，目的是在觀察城鄉各類房屋後，將其比較、分類並記錄，以建構或發現城鄉房屋的差異。活動內容扣合目標涉及邏輯思維，在研究者的經驗中，職前學生甚至有些幼師經常將活動內容偏離目標。此外，幼兒教育的重要目標是全人發展，因此強調各領域均衡的課程，就顯得相當重要，如「房屋」主題中均衡地涉及社會（如參訪房仲店、探訪安養之家等）、語文（如查閱建築圖鑑、房屋寶典畫冊等）、藝術（如房屋博覽會、樂高積木傢俱展、創意帳篷露營趣等）、認知（如何穩固樹枝屋？城鄉房子有何不同？）、健康（建材搬運、安全措施有哪些？）等各領域的活動。

四、小結

　　主題探究課程是幼兒 STEM 教育的良好切入平臺，有心實施 STEM 教育的幼兒園可依據課綱精神先行建立主題探究課程。又主題探究課程既由各領域探究性活動所構成，幼兒園也可以先嘗試個別探究活動的設計與實施，讓幼兒在活動中充分運用觀察、推論、比較、記錄、搜尋資料、驗證、溝通等探究能力，習慣運用探究力解答疑惑或解決問題；也讓教師習於此種教學方

法，將權力下放幼兒日漸脫離教學主導性。在教師與幼兒均熟悉此種教學型
態後，就較為容易做到以主題脈絡統整各領域活動的探究取向主題課程境
界。其實這也呼應研究者一向的主張——幼兒 STEM 教育宜漸進慢行，即由
每星期實施一兩個活動的活動式 STEM 探究進階到主題式 STEM 探究。而活
動式 STEM 探究即立基於主題探究課程的探究性活動，除強調探究能力的運
用外，還著重以製作物解決問題及 S.T.E.M 諸領域。所以主題探究課程的探
究性活動就顯得非常重要，它是幼兒 STEM 教育的最根本起點。

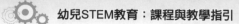

第三章

幼兒 STEM 教育之課程架構與類型

幼兒 STEM 教育的軟硬體基礎——STEM 探索物理環境與探究取向主題課程，作為地基支撐了幼兒 STEM 教育，而幼兒 STEM 教育的開展有賴課程架構的指引，所以基於多年課程研究與文獻探討，本章第一節提出幼兒 STEM 教育的課程架構，以為有心施行者課程試行之指導方向；第二節則論述幼兒 STEM 教育的課程類型，讓意欲實施者便於衡量自身狀態，以為推動之參照，利於順利開展課程。

第一節　幼兒 STEM 教育之課程架構

　　本節提出幼兒 STEM 教育的課程架構，包括如何思考與形塑以及其構成內涵，一方面有助了解此架構之由來與實質內涵，利於讀者理解與認同；一方面作為幼兒 STEM 教育實施之指引，便於有心實施者有明確方向可資依循。

一、課程架構之思考與形塑

　　課程架構是課程設計與實施之指導方向，本節所揭示之「幼兒 STEM 教育之課程架構」乃立基於研究者多年所推展之主題探究課程，思考重要問題，並受其他 STEM 課程或相關文獻所啟發，綜合形塑而成的。

（一）課程架構之思考

　　正如前章所析，鑑於多年耕耘的主題探究課程趨向STEM經驗，是STEM教育重要切入平臺，只要在主題進行中多加導向以製作物解決問題，自然涉及工程歷程，並且檢視課程中的 STEM 各領域是否俱全，即形同實施幼兒 STEM 教育；研究者遂以此為基礎，在幼兒園輔導時檢視與精進主題探究課程，使其更具 STEM 教育特色。於此階段研究者不斷深思一個重要問題：STEM 教育的目標是解決生活中的問題，但是要如何在幼兒園課程中傳遞生活中的問題呢？

　　幼兒的生活的確脫離不了遊戲，遊戲也是生活的重心，生活與遊戲中確實有一些隨機問題可讓幼兒去解決，這就涉及萌發式課程的實施。然而臨時萌發的課程本就對老師形成莫大壓力，而且又涉及數學、科學、工程等幼教老師害怕或未接觸過的領域；再說這些問題多半也是可遇不可求，在課程與教學上無法坐而待之。因此若能將這些生活與遊戲問題預先思考、設計，或透過「假想情境」、「繪本情境」預先設計，反而可讓教師安心，並能準備

好幼兒探究的舞臺；在教師充分準備好的狀況下再讓幼兒直面生活與遊戲中問題，實施萌發式課程，也較符合研究者所倡之漸進實施策略。此外研究者也參閱一些推廣中的幼兒 STEM 課程，發現他們也有相同的做法——運用繪本或假想情境切入 STEM 教育，同樣地可讓幼兒面對問題、探究並設法解決，達到 STEM 教育的目標，故以下舉一些課程與實例說明他們是如何在課程與教學中傳達生活中的問題。

1. 概念性遊戲世界（Conceptual Playworld）

澳洲學者 Marilyn Fleer 乃基於其深入研究孩子的經驗，包括他們是如何形成科學、技術與工程的概念，發展出「概念性遊戲世界」的 STEM 課程（Fleer, 2019; 亦見 https://www.monash.edu/conceptual-playworld/about），它是以繪本為仲介，透過想像、扮演遊戲，讓幼兒面對問題或挑戰，學習 STEM 概念，有幾個操作步驟：

(1) 選擇一個故事繪本

最好選擇帶有複雜情節與多角色的繪本故事書，讓孩子有很多的投入點，便於討論與概念學習，教師也可以新創相關角色以豐富情境；而且要具有戲劇性、情緒張力的刺激性，足以自然引發待解決的問題，讓孩子協助解決，例如《夏洛蒂的網》、《母雞蘿絲去散步》就是很好的例子。

(2) 創設不同的情節空間

運用與設計戶內外空間，以引導孩子進入想像空間，例如利用一木棧橋或障礙路徑帶領幼兒進入一個特別的場景，如戶外的攀爬體設施變成一個火箭，室內的積木建構區與娃娃家也可轉化成一個特別的遊戲世界——運用積木可以蓋出故事場景的建築物或橋樑。

(3) 共享一個想像情境，一起進出情境

運用仙女棒或一個象徵物，如門欄、隧道、椅子等，或者是穿著戲服，帶領孩子沉浸於想像世界，集體一起進出那個想像世界。

(4) 計畫待解決的問題情境

　　繪本情境中原有的待解決問題或臨時加入的情境問題都可以運用，例如在《夏洛蒂的網》繪本情境中，可以引出農夫祖克曼的農場裡的蟲子正在吃果園的蘋果問題；《母雞蘿絲去散步》繪本情境中，可以帶出必須緊急地幫蘿絲的表兄畫張安全抵達農場的地圖的問題。

(5) 教師間的角色

　　為了深化遊戲，幫助孩子解決問題，教師可以與孩子一起扮演，是遊戲的夥伴；也可以是與孩子一起共同解決問題；或帶領孩子經過整個遊戲世界的歷程。而且教師間必須互動，一位提出問題，一位引導孩子共同解決，創造他們的近側發展區。

2. 圖畫書 STEM（Picture STEM）

　　「圖畫書 STEM」是以美國普渡大學為主的研究團隊，針對幼兒園到小學二年級學童所發展出來的 STEM 課程，乃運用一個假想的工程挑戰情境，例如從電子郵件中得知的請託訊息，並使用不同的繪本伴隨幼兒投入於工程挑戰歷程中，作為支持以學習解決此一問題之相關知能。過程中幼兒依據教師有意鋪陳的工程程序——定義問題、學習問題背景知識、規劃解決方案、設計模型、測試模型與做決定，一步步地解決此一工程挑戰問題，整個課程的目的在學習STEM、計算機思考與閱讀等（Tank, Pettis, Moore, & Fehr, 2013; Tank, Moore, Pettis, & Gajdzik, 2017）。

　　例如在幼兒園的「手提紙籃」設計單元中，共有六個活動，引起動機的安排是，幼兒收到 Max 與 Lola 電子郵件的請託問題——兩人想要開石頭收藏展，但沒有時間製作手提紙籃，所以所待解決的問題是幫助二人設計手提紙籃，讓自然館石頭展示的參觀者盛裝喜愛的石頭。幼兒在課程單元中陸續閱讀《如果你找到一顆石頭》、《做樹的朋友》、《我弄濕了》、《型式魚》、《最非凡的東西》與《搖滾、牛仔與忙碌的機器》六本繪本，這些繪本伴隨解決問題的歷程，幫助幼兒理解石頭與紙的特性、型式花樣等。重點

是在此過程中，因這六本繪本的激發，幼兒歷經探究紙的特性、測試乾與濕紙可盛載石頭的力量、創造紙張的編織型式、以乾濕石頭測試所編織的手提紙籃等 STEM 整合性活動（Tank et al., 2017）。

3. STEM 製作與修補（Making & Tinkering with STEM）

　　《運用 STEM 製作與修補：幼兒解決設計上的挑戰》是美國全國幼兒教育協會（National Association for the Education of Young Children, NAEYC）出版的專書（Heroman, 2017），提供了三至八歲孩童修補、製作與工程挑戰活動，這些活動可為學習 STEM 奠下基礎，而這些活動經驗都源自於繪本中角色人物所面臨的問題。例如《三隻山羊嘎啦嘎啦》繪本中，三隻山羊要過橋到河對岸吃綠草，但橋下有一隻巨怪，怎麼辦？解決方案是幫山羊再建一座橋，使其不用通過怪獸之處，因為每一種工程任務都必須考量限制與必要條件，這樣的設計挑戰讓幼兒去探索工具與材料，開啟工程製作之路，也整合了數學、科學、技術、藝術等方面的發展。

　　很重要的是，這些工程任務應是具有低門檻、高天花板與寬牆面的特性，也就是對於較小幼兒，教師可允許他們探索工具與材料較長時間後，再進行製作；對於較大的孩子，可延伸與微調這些工程挑戰，使其更加具有挑戰性與複雜性，並且允許他們以不同方式或路徑去探索這些挑戰，簡言之，教師必先充分了解幼兒方能調整繪本情境上的挑戰，以符合不同孩子的需求與興趣。

4. EiE 的小工程師（Wee Engineer）與幼兒園工程基礎（EiE for Kindergarten）

　　「小工程師」是波斯頓博物館開設的工程基礎課程（Engineering is Elementary, EiE）中適合三至五歲的學前幼兒。大體上是老師運用木偶介紹幼兒一個特定的工程問題（工程挑戰），在與幼兒互動中引其進入工程世界。以下是一些教學情節，首先是木偶出場：「嗨！我是工程師，你認為工程師做什麼工作？」、「工程師思考如何製作東西，像蠟筆、鞋子、枕頭。」；接

著是提出工程問題：「嗨！小工程師，我有一個問題，你會幫助我嗎？我的問題是地板太硬無法睡……，你們可以當工程師嗎？想一想如何製作一個舒服的枕頭，讓我可以睡在上面？」

然後木偶又說：「工程師製造東西時使用步驟，我知道有一首歌可以幫我記住這些步驟。」在教唱工程歌後，老師配合「探索、創造與改進」的工程歷程海報，說明這三個步驟意涵。例如做一個發聲器、做一個可以把球吹很遠的扇子、做一個能夠把積木塔破壞的槌球、做一個能漂浮的筏（Museum of Science, Boston, 2016-2018），都是「小工程師」的工程挑戰活動。至於幼兒園階段的課程是「幼兒園工程基礎」，教師則以肢體扮演方式引出問題挑戰，例如假裝要作畫卻沒有用筆，或用鈍的與沒削的筆，問幼兒老師面臨的問題是什麼？或要用什麼技術用品解決問題（Museum of Science, Boston, 2019）？

從以上幾個 STEM 課程可以看出，都不是讓幼兒直接面對生活中真實問題以生成課程，有的是運用繪本中的情境提出有待幼兒解決的問題，例如概念性遊戲世界、STEM 製作與修補，但是這些繪本情境是可以延伸或微調，如概念性遊戲世界的繪本《母雞蘿絲去散步》情境，可臨時加入假想情境——幫蘿絲的表兄畫張安全抵達農場的地圖的挑戰問題；STEM 製作與修補中所運用的繪本如《一個愛建築的男孩》（*Iggy Peck Architect*）情境，可由建造一座高樓改成建造一座橋或吊橋的挑戰問題，也涉及假想情境。而其他兩個課程的問題來源則完全是假想的情境——以木偶與幼兒互動、老師肢體扮演、電子郵件內容引出待解決的問題。所以繪本與假想情境確實可以運用於幼兒 STEM 教育中，以傳達待解決的問題或讓幼兒面對挑戰，同樣也可讓幼兒體驗解決問題的歷程，達到 STEM 教育目標。當然如果能讓幼兒直接面對生活、遊戲中的真實問題或挑戰，那是最好不過了，如前所言，考量教師的心理壓力，將問題預先思考及設計或是透過繪本及假想情境預先設計課程，不失為權宜良策。

（二）課程架構之形塑

　　本課程架構立基在多年的主題探究課程的研究基礎上，且為減教師生成課程之壓，也充分思考如何於課程中傳遞問題與挑戰，歸納結論為：為讓教師安心可預先構思與設計，而且繪本及假想情境亦可運用。整個課程架構之形塑除基礎的主題探究課程研究外，共有三種來源：

1. 參考 STEM 教學相關文獻

　　本課程架構發展之際也參考許多發表的文獻，這些文獻多是學者致力於 STEM 教學之研究所得，例如 Counsell 等人（2016）的《幼兒 STEM 學習：斜坡與路徑探究教學》，Englehart 等人（2016）的《STEM 遊戲：區角整合性探究》（*STEM play: Integrating inquiry into learning centers*），Moomaw（2013）的《幼兒 STEM 教學：整合科學、技術、工程、數學的活動》，Selly（2017）的《戶外 STEM 教學：適合幼兒的活動》（*Teaching STEM outdoors: Activities for young children*），Texley 和 Ruud（2018）的《STEM 素養教學：3-8 歲建構取向教學》（*Teaching STEM literacy: A constructivist approach for age 3-8*），Lange 等人（2019）的《學前教室中之 STEM 教學》等。

2. 參考坊間推廣的幼兒 STEM 課程

　　幼兒 STEM 課程架構之發展也參閱一些正在推廣中的課程，例如上述澳洲的「概念性遊戲世界」、美國的「圖畫書 STEM」、波斯頓博物館的「小工程師」與「幼兒園工程基礎」，以及專門針對 Head Start 教室而發展的「STEM 小種籽」（Seeds of STEM）（Dubosarsky, Cyr, Bostwick, & Grudoff, 2016; John, Sibuma, Wunnava, Anggoro, & Dubosarsky, 2018）等。

3. 參訪機構或幼兒園

　　此外，研究者也赴一些幼兒園參訪所實施的 STEM 課程，最負盛名的是收托零至六歲美國加州理工大學兒童中心的 STEM 課程與環境，當日並與該

中心主任 Susan Woods 長談以汲取經驗並進行課程架構建構之省思。

　　綜上以多年主題探究課程研究為主的數項經驗，研究者遂提出幼兒STEM 教育的初步架構，其後並在幼兒園輔導中試行、修正與發展，最後提出「幼兒 STEM 教育課程架構」（周淑惠，2019），因此此一架構具落地可行性，乃由經度與緯度兩個向度所構成，在生活與環境中探索為緯度、解決探索中各類問題為經度（含生活作息、遊戲、繪本或假想情境三類問題），經、緯縱橫交織成幼兒 STEM 課程，如圖 3-1-1. 所示。

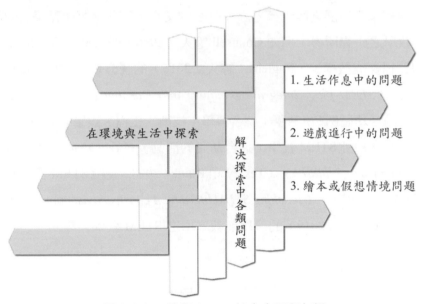

圖 3-1-1.　幼兒 STEM 教育之課程架構

二、課程架構之構成內涵

　　課程架構乃由經度與緯度交織構成，茲說明其涵義如下。

（一）課程架構緯度：在環境與生活中探索

　　STEM 教育旨在面對生活中的真實問題並設法解決，因此在生活中與戶

內外環境中遊戲／探究是幼兒 STEM 課程之不可或缺部分。就此誠如第二章第二節「幼兒 STEM 教育之硬體基礎——STEM 探索物理環境」所言，幼兒園首須充實內、外在環境及資源，並使其利於 STEM 探索。亦即幼兒園立基於安全、健康暨豐富環境基礎之上，無論是戶內、戶外環境都須盡量強化其 STEM 元素，例如室內區角玩教材包含各類玩教材（建構性積木、編程玩教具、運用 AR 與插電玩教具）、供探究及製作的工具與材料、運用科學原理自製的玩教具；室內公共空間牆面安裝涉及科學原理的操作或工程組裝設計；戶外環境資源所強調之 STEM 元素包括運用自然元素、附加零件、遊具結構、戶外藝術與其他等。而為強化 STEM 探索成效，講求彈性變通與創意巧思的設計，是極為必要的。其次是要容許幼兒能自由探索與操作，可在戶內外環境盡情遊戲與體驗，也就是開架展示、自由取（使）用及開放區域空間；甚至是容許幼兒依遊戲需求自由創變空間或素材，以深化 STEM 探索。此外也要確保幼兒具有充分足夠的自由探索時段，讓遊戲化的探索、學習能持續一段時間並足以產生一些成果。

　　此外，幼兒園一日生活除戶內外探索或學習時間，還有其他生活作息時段如吃飯、午休、如廁時間等，以及作息活動間的轉銜時間，這些時段均可善加利用，成為 STEM 探索的良好時機。例如洗手時水流到哪裡去了？用肥皂洗手搓揉時閃亮湧出的泡泡是什麼？老師的座椅為何可自由轉動與滑動？廚房阿姨是怎麼把樹上的檸檬變出好吃的檸檬汁？午睡時天花板的微弱光影是怎麼形成的？生活中實在有太多的事件、物品可以探究；其實日復一日規律、可預測的作息——吃飯、收拾清潔、如廁、午休前故事、午休、起床音樂與摺被收拾、如廁……就是數學中的型式（Pattern）。總之，在戶內外環境與生活中探索的素材或事件是發展課程的重要來源，是幼兒 STEM 教育的必要條件，也就是幼兒 STEM 教育課程架構中的緯度。

（二）課程架構經度：解決探索中各類問題

　　當幼兒在環境與生活中探究時，一定會面臨許多疑惑或問題，教師可將

幼兒面臨的兩類型待解決或挑戰問題抽繹出並與幼兒共構成 STEM 課程，這兩類問題是生活作息中的問題、遊戲進行中的問題，是真實狀況的與萌發生成的，而為減輕教師壓力，當然也可透過預先思考及設計以傳遞或呈現。另外一類問題是繪本與假想情境問題，它可讓教師預先設計及準備，降低心理負擔，是很好的傳遞問題與挑戰的渠道；當然也可以是教師在教學情境中將繪本或假想情境臨時信手拈來，讓幼兒體驗解決問題或面對挑戰的歷程，完全視教師的能力與信心而定。這些問題所形成的課程可以在個別區角中進行，也可以在分組活動中進行，或是在團體活動中進行；其呈現可以是短時間個別的 STEM 探究活動，或較長時間的 STEM 探究主題形式。

1. 生活作息中的問題

　　生活作息中有許多的問題可吸引幼兒探索並設法解決，不僅充滿趣味，而且可培養 STEM 知能，這些問題涵蓋室內、室外的各個面向，不勝枚舉。例如：如何讓播種後蔓延的小黃瓜苗直立伸展並生長茁壯（如搭建支架或瓜棚讓瓜苗攀爬）？於教室中如何能方便搬動區角的積木、玩具或書本（如做一部可移動的簡易小手推車）？如何在教室的夾層閣樓上輕鬆取到樓下的玩具（如裝上滑輪裝置或以硬紙捲筒、繩索與籃子製作簡易的類滑輪裝置）？如何讓教室的小倉鼠快樂（如幫牠蓋一座有房屋、滑梯、樓梯，甚至轉輪的遊樂園）？長假期間幼兒園室內外的花草如何能自動澆水（如運用水桶加棉線延伸至植物盆中）？樓梯間的格柵間隙太大，要怎麼樣才能保護大家（如以繩索圍繞欄杆製作安全圍網）？在環境保護意識下如何將紙張回收再利用（如製作再生紙、以影印過的白紙製作紙籐籃等）？以上這些生活中問題可以是生成課程的來源，教師與幼兒共構成萌發性課程；它也可以是教師預先構思與設計的，讓教學能在充分準備下進行。

2. 遊戲進行中的問題

　　兒童的遊戲即生活，遊戲是兒童的重要生活，有時甚至與生活難以劃分。幼兒在進行遊戲當中也有許多的問題可資探究並需加以解決，這類問題

也是包羅萬象。例如：戶外遊戲時，如何運用現有素材在大樹下製作好玩的鞦韆或蹺蹺板？如何運用竹竿、塑膠布、紙箱等回收素材或樹枝、茅草等自然素材搭建好玩的帳篷或遊戲小屋？如何把水龍頭的水經過沙堆引到土堆，並做成可玩賽船的水塘或一瀉而下的壯麗瀑布？在區角玩自製陀螺時，如何改良讓它轉得又穩又久？如何讓彈珠遊戲在有坡度的木板上滾得快又遠或更好玩（如可自由調整斜坡、有得分設計）？想讓說故事方式更多元變化與有趣，可以怎麼做（如製作卷軸故事架、影偶戲臺等）？而以上這些遊戲中問題，如生活中的問題般，可以師生共構成萌發性課程，也可以是教師預先構思與設計的。

3. 繪本或假想情境問題

　　如前所述，生活與遊戲中萌發的問題要生成課程，可能帶給教師很大的壓力，職是之故，運用區角現成繪本中的問題或挑戰預先構思活動或課程，利用幼兒易於入戲的特質，使其投入故事情境中設法幫忙解決或是面對挑戰，是教師實施幼兒 STEM 教育很好的渠道。例如在《三隻小豬》繪本中，如何幫助豬二哥使其蓋的樹枝房子穩固，不被風吹倒？《從樹上掉落的無尾熊》繪本中，如何幫助掉落的無尾熊安全回到樹上？甚至繪本情境問題也可延伸或假想，與生活及遊戲中問題結合，如《三隻小豬》繪本中的豬小弟想要房子外面有蹺蹺板玩，你可以幫助豬小弟嗎？此外運用木偶（棒偶或填充娃娃）對話、教師肢體扮演，或是口頭述說等方式提出假想情境，引出生活或遊戲中有待解決或挑戰問題，雖非直接面對生活或遊戲情境中的真實問題，但是還是可以讓幼兒同樣地歷經解決問題過程，同時帶給教師諸多的安全感，又可預備幼兒探究的舞臺，也是很好的呈現問題方式。當然教師能將繪本或假想情境當場信手拈來傳遞問題或挑戰給幼兒，讓教學能彈性因應情境所需，是最好不過了。

（三）經緯度交織成幼兒 STEM 課程

　　STEM 教育的課程架構是以具體可見的戶內外環境及生活中探索為緯度，在環境具 STEM 探索氛圍、孩子也習於在生活中探索後，再以解決所遭遇各類問題為經度，發展 STEM 課程。即教師讓幼兒面對生活與遊戲中問題或挑戰，或是透過繪本或假想情境傳遞挑戰或問題，而無論是哪一類問題皆可預先構思與設計為課程，或是直接讓幼兒面對生成課程。也就是幼兒 STEM 教育建立在生活、遊戲、繪本或假想情境問題之上，所以讓幼兒在環境與生活中探索是幼兒 STEM 教育的必要條件，建立 STEM 探索物理環境甚為重要，已於第二章第二節論述。至於 STEM 教育的課程形式可以是短暫、個別活動式的 STEM 探究，也可以是較為長期、以主題整合式的 STEM 探究，將於下節探討。

　　綜言之，以上經緯交織的課程架構中顯現以下幾項 STEM 教育的設計與實施原則，指引了課程實施的具體方向：(1)優化戶內外環境並容許幼兒在環境中探索；(2)選定生活和遊戲中問題與幼兒共構或預設 STEM 課程；(3)善用繪本或假想情境為渠道讓幼兒入戲解決問題或面對挑戰；(4)以預設課程增教師信心與備幼兒探索舞臺；(5)課程設計反映探究、解決問題、工程活動與領域整合四特徵；(6)逐漸減少教學主導並提供適當鷹架（周淑惠，2019）。這些設計與實施原則將陸續於接續之適當章節內加以闡述。

第二節　幼兒 STEM 教育之課程類型

　　幼兒 STEM 教育之課程架構指引了課程的方向與路徑，已如上節所述，本節旨在探討與說明幼兒 STEM 教育的課程類型，包含課程分類之考量及課程類別之說明，讓有心實施者便於衡量自身狀態決定從何做起，俾利 STEM 教育順利開展與落實。

一、幼兒 STEM 教育之課程分類考量

　　STEM 教育旨在讓學生面對生活中的問題並設法解決，依此思維則臨時生成的「萌發課程」最能反映 STEM 教育的意涵與精神。然而如上章所言，萌發課程非常考驗教師的反應能力，帶來很大的壓力，職是之故，基於幼教現場落實之現實考量，研究者建議 STEM 新手教師從預先設計的課程開始試行，逐漸進階到生活中臨時萌發的課程，以符合課程改變之漸進原則。又幼兒 STEM 教育課程進行的形式可以是個別活動方式，也可以是以主題整合一系列活動的方式，即「活動式 STEM 探究」與「主題式 STEM 探究」。從課程改變之漸進原則考量，宜由活動式 STEM 探究開始嘗試，逐漸擴展至主題式 STEM 探究。如此在「課程形式」向度上有活動、主題兩類，在「課程源起」向度上有預設、萌發兩類，兩向度共同交織成：預設的活動、萌發的活動、預設的主題與萌發的主題四大類課程；而在每類課程中都含括三類情境問題或挑戰：生活、遊戲、繪本或假想情境，共計 12 小類幼兒 STEM 課程，如表 3-2-1 所示。

表 3-2-1　幼兒 STEM 教育之課程類型

源起＼形式	活動			主題		
預設	預設的活動			預設的主題		
	生活	遊戲	繪本或假想情境	生活	遊戲	繪本或假想情境
萌發	萌發的活動			萌發的主題		
	生活	遊戲	繪本或假想情境	生活	遊戲	繪本或假想情境

二、幼兒 STEM 教育之課程類別說明

本處簡介幼兒 STEM 教育進行的兩大形式課程——活動式的 STEM 探究與主題式的 STEM 探究；並以此兩大形式課程為主，大致簡介其下的幼兒 STEM 教育各個課程類別。

（一）活動式的 STEM 探究

活動式的 STEM 探究顧名思義是個別活動式的 STEM 探究，乃立基於主題探究課程的各領域探究性活動，除了重視探究力的運用外，尚著重以製作物解決問題，亦稱「STEM 探究活動」。通常活動時間較為短暫，有預設與萌發兩種來源，每種來源都有生活、遊戲、繪本或假想情境三小類，共計六類活動式 STEM 探究，即表 3-2-1 綠底色部分。

研究者曾建議初次實施STEM教育者，先從一個星期進行一至兩次STEM探究活動開始著手，這些活動內涵基本上必須具有STEM教育特性——解決問題、探究、工程歷程、領域整合。以第四章體驗輕黏土結構平衡的「我蓋最高的塔！」（圖 3-2-1.、圖 3-2-2.）活動為例，這是一個解決遊戲中問題的挑戰——如何使輕黏土結構高聳不倒塌？在活動過程中，幼兒的挑戰是要設法讓整個輕黏土結構不僅可平衡站立不倒塌，而且要有相當的高度，在一面

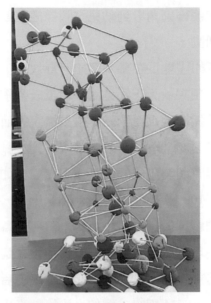

圖 3-2-1.　我蓋最高的塔！　　圖 3-2-2.　我蓋最高的塔！

試著搭建高結構體時，得要一面運用觀察、推論、預測、行動驗證、比較等能力去探究如何能高聳穩立，而且也要一面調整、修正以尋求整個結構體的平衡。它涉及重心與平衡的「科學」原理、結構體的「工程」搭建、美感的「藝術」呈現、各色輕黏土球揉搓數量的「數學」計算，還有感受輕黏土球與竹籤人類智慧產物以及運用揉搓與戳入黏土球的手法「技術」。

　　以上「我蓋最高的塔！」活動是屬於幼兒遊戲中的挑戰，可透過假想情境傳遞問題；而第四章另兩個示例活動「地瓜在哪與如何野炊？」是屬於生活中的問題，「我的創意樓房！」是運用《100 層樓的家》繪本情境的挑戰。而以上三類問題的來源，是教師預先設想並加以設計的教學活動，如「我蓋最高的塔！」是老師考量這樣的活動可讓幼兒在遊戲與製作中探究與解決如何蓋出既高又穩的高塔問題，於是透過假想情境加以設計，這假想情境例如：「小天在玩輕黏土時發現可以和牙籤結合搭建高塔，可是他蓋的塔一直不穩無法加高，你可以幫小天蓋一座最高的塔嗎？」不過這個活動也可以是

老師在藝術區角看到幼兒試圖揉搓並連接數團輕黏土時，臨時萌發生成的課程或活動。

再如「地瓜在哪？與如何野炊？」活動可以是教師於期初規劃整學期課程時，預想秋天正好是園中地瓜成熟季節，這樣的活動不僅可讓幼兒在生活中體驗採摘地瓜與認識其生長樣貌，而且也能體驗搭建可燃火烹煮的穩固爐灶，於是刻意預先設計；不過它也可以是戶外活動時老師意識到地瓜成熟了，臨時萌發生成的活動或課程。又如「我的創意樓房！」活動是老師看了繪本《100 層樓的家》後刻意設計的，想讓幼兒體驗用素材搭建高樓並從中解決問題，於是以幫主角小土蓋樓房為由，請幼兒幫忙；同時它也有可能是老師發現幼兒對此繪本很有興趣後，臨時萌發而成的活動或課程。

其實活動式 STEM 探究雖是個別活動取向，也有可能延伸成較長期程的主題式 STEM 探究，例如上述輕黏土平衡結構活動「我蓋最高的塔！」，初始可以讓幼兒自由探索一般的平衡結構；也可以是請幼兒探索最高、最漂亮的平衡結構；當然也可以是探索最奇特的平衡結構；接著可以運用不同材質搭建並比較其差異（如真黏土、海綿、棉花糖、軟糖、胡蘿蔔丁，牙籤、烤肉長籤等）；又或者是當幼兒個別搭建後，鼓勵小組成員合作拼組成另一個新的結構體（幼兒必須重新找尋結構體的重心使之平衡穩固）等，都是可以外擴延伸的方向，聚集成為一個「平衡結構體」主題。

換言之，針對同一 STEM 探究活動提供多元材質、不同情境（個別、合作）與工作要求（一般、最高、最奇特、最漂亮的塔），自然地延展成圍繞在同一主題「平衡結構體」的一個主題式 STEM 探究。如圖 3-2-3.每一個方框都是一個 STEM 探究活動，最後集結成鬆散的主題式 STEM 探究。較嚴謹的主題式 STEM 探究需先分析與繪製主題概念網絡圖，如在「平衡結構體」主題之下，先有材質、情境、工作要求等概念分析，再設計概念下各個活動。研究者之所以鼓勵從個別活動開始進行 STEM 探究，就是希望教師從簡單的一點一滴累積，慢慢延伸穩固，建立信心，有朝一日能力成熟，則自然形成對幼兒較有意義的主題式 STEM 探究。

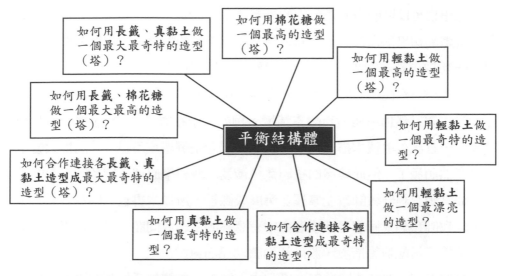

如何用**長籤、真黏土**做一個最大最奇特的造型（塔）？

如何用**棉花糖**做一個最高的造型（塔）？

如何用**輕黏土**做一個最高的造型（塔）？

如何用**長籤、棉花糖**做一個最大最高的造型（塔）？

平衡結構體

如何用**輕黏土**做一個最奇特的造型？

如何**合作連接**各長籤、真黏土造型成最大最奇特的造型（塔）？

如何用**輕黏土**做一個最漂亮的造型？

如何用**真黏土**做一個最奇特的造型？

如何**合作連接**各輕黏土造型成最奇特的造型？

圖 3-2-3.　平衡結構體 STEM 探究活動也可以延伸為主題式 STEM 探究

（二）主題式的 STEM 探究

　　主題式的 STEM 探究望文生義與主題有關，乃立基於主題探究課程，是以主題脈絡整合概念與活動的方式，開啟了 STEM 探究，其下的各領域探究性活動都是在同一主題的脈絡情境中，而其中有些探究性活動則以製作物解決問題為導向（即「STEM 探究活動」、「活動式的 STEM 探究」），整個構成了主題式的 STEM 探究課程，亦稱「STEM 探究主題」。這主題式 STEM 探究通常是要進行一段期程的，有預設與萌發兩種來源，每種來源都有生活、遊戲、繪本或假想情境三小類，共計六類主題式 STEM 探究（表 3-2-1 黃底色部分）。這主題可以是萌發於生活中的問題或挑戰，例如「黃瓜生長記」主題——如何種植、照顧播種後的小黃瓜以及解決苗芽四處蔓爬問題？「讓生活方便的輪子」主題——如何製作可移動的說故事框架、小推車與上下平臺升降籃等，以方便幼兒於區角中使用？「小倉鼠大快樂！」主題——如何幫教室豢養的小倉鼠製作可住、可玩的遊樂設施？

主題也可以是萌發於遊戲中的挑戰問題，例如「我愛帳篷」主題——幼兒在遊戲場想用枯樹枝與塑膠布搭建能穩立不倒的帳篷；「彈珠溜滑梯」主題——想讓彈珠在有斜度的木板上溜得又快又遠又可比賽計分；「水鄉王國」主題——想從水源處挖渠引水在沙堆中建蓋城堡、護城河、水塘與水庫等。又主題當然也可萌發自繪本情境，例如孩子在看了《100層樓的家》繪本後，一直試著用積木搭蓋高樓，但是房子老是倒塌或不穩，「高樓大廈」主題自然萌發了。然而萌發的主題難免涉及一些科學原理，給教師很大的壓力，通常是有經驗教師較能掌握並發展成課程，所以本書也認同預設式的主題，即教師預想或假想生活或遊戲中有意義的主題或問題，或是運用現成的繪本情境或搭配假想情境，設計活動讓幼兒面對解決之。

　　舉例而言，教師環顧教室與區角中，缺乏一些讓生活便利的設施，如可四處拉動的說故事框架、運送區角物品的小手推（拉）車、可讓幼兒在教室高臺輕鬆取到地面物品的滑輪運送設施，念想讓幼兒在試圖解決生活問題歷程中探究輪軸原理，便設計了「讓生活方便的輪子」主題。再如教師觀察幼兒很喜歡玩沙與水，但都玩不出深度，於是特意設計一個「水與沙的故事」的主題，讓幼兒在遊戲中設法解決問題並充分體驗沙與水的特性，並且運用假想的故事情境來傳遞問題——王國經年遭受乾旱之累，必須蓋水庫儲水以備不時之需，引發幼兒從水源處克服困難挖渠引水至沙池，並在沙堆中建造大小城堡、水庫、水塘、瀑布、河流、護城河等。如前所述，運用繪本情境中的問題預先設計主題，也是很好的STEM探究切入點，如教師運用《三隻小豬》、《100層樓的家》繪本的故事情境，預先設計「房屋」主題讓孩子探究房屋相關概念與從中經歷如何解決問題，如：「如何穩固樹枝屋？」、「如何搭蓋小木屋？」、「我的創意樓房！」等活動。

　　不過很重要的是，在整個主題的進行中，其下的一些產生製作物的STEM探究活動，基本上必須具備STEM教育的特性——解決問題、探究、工程歷程、領域統整。例如與幼兒生活相關、也可源自繪本的「房屋」預設主題在進展過程中，對於這些STEM探究活動，如「建築裝潢」概念下的「我的創

意樓房！」，「創意傢俱」次概念下的「我的創意木工傢俱！」，「旅遊住房」概念下的「自製帳篷露營趣！」，幼兒必須一面運用觀察、推論、預測、搜尋資料、行動驗證、比較等能力去探究，一面著手製作歷經工程的調整、修正程序，才能解決問題讓房屋、帳篷或傢俱結構平穩成型。可以說在整個建蓋或製作的「工程」與解決問題歷程中，自然涉及平衡、重心、結構力學等「科學」原理；運用測量、計算等「數學」知能；當然也會使用槌子、鋸子、熱熔槍、尺等工具與上網查資料、測量等「技術」於行動中；甚至也會自然觸及建物或傢俱的美感品質的「藝術」呈現。

第四章

幼兒 STEM 教育之
課程設計與實施原則

幼兒 STEM 教育的課程架構與類型指引了課程的開展方向與路徑，已於前章探討，本章開始進入幼兒 STEM 教育之實務層面——課程設計與實施原則。第一節的課程設計原則含三步驟與三要素原則，並舉例說明如何具體設計；而設計後之實施與互動也是重點，因此第二節則是探討幼兒 STEM 教育之課程實施原則，分別從教師、幼兒與教學互動三個層面說明如何實施與互動，以促進 STEM 教育之真正落實。期盼本章內涵安排能對有心實施幼兒 STEM 教育者有所裨益。

第一節　幼兒 STEM 教育之課程設計原則

　　研究者傾向漸進地推展課程革新，以確保具體落實，例如從活動式STEM探究發展到主題式 STEM 探究，從預設課程進展到萌發的課程。不過即使是萌發的課程，也希望教師能私下先行設計與探究，以達增加教師自身信心與準備幼兒探究舞臺的目的。因此本節旨在介紹幼兒 STEM 教育的課程設計原則，包含三步驟與三要素的設計原則，以及舉一個 STEM 探究活動與一個STEM 探究主題，詳細說明幼兒 STEM 教育應如何設計。

一、設計原則——三步驟與三要素

　　幼兒 STEM 教育的課程設計原則含設計步驟與設計要素兩個面向。

（一）設計三步驟

　　首先就設計步驟言，STEM 教育重要特徵就是面對生活中問題，以探究方式，歷經工程程序並自然整合技術、數學、科學等學科領域，最後產生製作物解決問題。而為了確保課程反映 STEM 特色，除了遵照第二章第三節建議——立基於主題探究課程，多加導向以製作物解決問題，並檢視 STEM 各領域成分外，亦可遵照設計三步驟而行——選定問題與設計、探究問題內涵、分析 STEAM 要素與調整，無論是活動式 STEM 探究或主題式 STEM 探究均是遵循此三步驟，說明如下：

1. 選定問題與設計

　　幼兒 STEM 教育的設計首要步驟就是選定問題，再加以設計其內涵。活動與主題的問題來源有三：生活、遊戲、繪本或假想情境，教師要尋找及預思生活、遊戲、繪本或假想情境中值得面對的挑戰或待解決的問題，例如日常作息中，有什麼生活不便的問題或是如何使其更為優便的想法？或者是孩

子經常的戶內外遊戲中，有什麼問題或挑戰是值得幼兒探究解決的？或者是繪本中，有什麼情境問題是可讓幼兒協助解決或面對挑戰從中學習的？又或者是透過什麼假想情境可傳遞生活、遊戲或繪本中重要問題或挑戰呢？很重要的是，以上各項考量必須兼顧幼兒的興趣。綜言之，教師在選擇待解決的問題或挑戰時，必須經過分析與思考，特別是主題式 STEM 探究，在眾多的概念與活動中，有哪些問題或挑戰較為適合進行 STEM 探究並能產生製作物，而且幼兒們也頗感興趣極願投入？而在選定問題後才加以設計活動內涵，讓幼兒體驗 STEM 探究、工程歷程與運用各領域知能。

2. 探究問題內涵

在選定某一問題於設計之際，教師對於所選定的待解決問題（或挑戰）必須加以探究，即了解與回答幾個英文字母 W 與 H 開頭的提問。首先是為何（Why）做這個活動？即了解活動目的、活動涉及什麼或幼兒能獲得什麼概念與知能；其次是做什麼（What）？與如何做（How）？即知道幼兒在過程中主要的行動與製作物是什麼以及要怎麼做？也就是教師對製作物須先行探究其外觀形式、結構與功能，並且了解製作所需之材質、技術與工具等，方能了解幼兒在探究過程中可能遭遇的困難，也才可預先準備幼兒探究的舞臺——檢視園內現有的材料、工具與技術，規劃幼兒探究行動的地點（Where），考量分組狀況與估算及準備所需材質、技術與工具的類型與數量（How many、How much），讓活動設計立意得以實現。

凡此種種探究乃便於教師自身理解活動所涉相關概念與知能，可將活動目標謹記在心，使活動進行時不致偏離主軸；而且也可先行了解幼兒可能的困難，預思引導鷹架與互動技巧；更可為幼兒準備探究的舞臺，並能增加自己的教學信心。至於探究待解決問題的內涵，可以在設計活動內容之後，才加以深入探究；也可以一面設計一面探究；當然也可以在選定問題、設計之前，先行探究再加設計，端看教師對該待解決問題的概念與知能之熟悉程度。

3. 分析 STEAM 要素與調整

最後則要分析它所含括的 STEAM 成分，即科學、技術、工程與數學等各領域成分，並且據以適當調整，以便更能符應STEM教育精神與特性。如第一章言，在幼兒教育強調全人發展之基礎上，研究者仍持STEM一詞而非STEAM、STREAM 等，以回應 STEM 教育提倡初衷，但是此處因具檢核表性質，所以特別納入人文藝術（A），以提醒活動與課程設計要理工與人文領域並重。通常是在探究所選定問題內涵後，若發現 STEAM 成分不足，則可以設法補強；不過也可以在選定問題之際，就可以先對這個待解決問題所涉的 STEAM 成分加以分析，若 STEAM 成分不足，就不選擇此一問題；當然也可以在探究問題內涵階段進行STEAM 成分分析。

所以以上選定問題與設計、探究問題的內涵、分析STEAM要素與調整，雖然是三個步驟，但是在實際進行時，有部分是重疊的，如圖 4-1-1. 所示：各色長條圖左右寬度代表可能進行的時間段，因此探究問題內涵可能在選定問題後、投入設計時或設計完成後；分析 STEAM 要素與調整可能在選定問題後、投入設計時、設計完成後、探究問題內涵時或探究問題內涵後。整個三步驟設計之具體說明請見標題二、STEM 探究活動之設計說明與標題三、STEM 探究主題之設計說明。

分析 STEAM 要素與調整

探究問題內涵

選定問題與設計

圖 4-1-1.　幼兒 STEM 教育之設計三步驟

（二）設計三要素

　　幼兒 STEM 教育的課程設計有三個課程與教學要素必須考量——教學目標、教學內容、教學方法，三者各有其重要內涵必須於設計時顧及（周淑惠，2018b）。其實從 STEM 教育的四項特徵——問題解決、探究、工程程序、領域整合，不難理解 STEM 教育設計的目標、內容與方法為何如此定位。茲說明幼兒 STEM 教育之設計三要素如下：

1. 教學目標

　　幼兒 STEM 教育的教學目標在於：實現全人發展、引發好奇與探究行動、培養解決問題能力。吾人皆知幼兒教育的總體目標是培養各領域均衡發展的完整兒童，即「實現全人發展」，雖然個別活動無法達到全人發展，但也要盡量做到各領域整合。其實幼兒 STEM 教育中有兩項重要特徵是問題解決與探究，因此教學目標在「引發好奇與探究行動」、「培養解決問題能力」，是理所當然的。此外也是很重要的，每個活動都有其特定的認知學習，即所要學習的概念或知能，在實際進行設計時，也是必須要納入教學目標中。

2. 教學內容

　　幼兒 STEM 教育的教學內容在於：生活化的設計、伴隨開放有趣教材的遊戲、跨領域的設計。幼兒 STEM 教育四大特徵之一是解決問題，尤其是生活與遊戲中問題，因此「生活化的設計」內容很是重要；另一特徵是歷經設計、製作、精進的工程歷程，因此「伴隨開放有趣教材的遊戲」，讓幼兒可以操作與思考以產生優化的製作物，是設計 STEM 教育內容的重要元素；而學科整合本就是幼兒 STEM 教育重要特徵之一，在內容上做「跨領域的設計」乃為必然。

3. 教學方法

　　幼兒 STEM 教育的教學方法則為：充實與運用區角及戶外環境、多以小組取代團體活動、引導幼兒運用探究能力。戶內外環境是 STEM 探索的基礎與必要條件，區再與小組活動是較能發揮 STEM 探索的教學型態，在設計 STEM 教育時，這三項教學方法應預先籌謀規劃納入活動中，尤其是引導幼兒運用探究能力方面。因為幼兒 STEM 教育重要特徵是探究與工程活動，思考如何在教學互動中，實質引導幼兒去觀察、推論、查資料、預測、驗證、比較、溝通等，以達精進製作物、解決問題的目的，顯得特別重要。簡言之，在設計幼兒 STEM 課程時必須預思如何在教學互動中搭建各種鷹架，引導幼兒進行 STEM 探究。

　　幼兒教師在設計 STEM 課程時，首須訂定教學目標，再透過實質的教學內容與教學方法的設計，實現所訂立的教學目標，以上 STEM 教育之設計三要素，可供教師參考，如圖 4-1-2.所示：代表教學方法的曲線長箭頭由左下角指向右上角的教學目標，意謂著透過三項「教學方法」的實施以達成重要

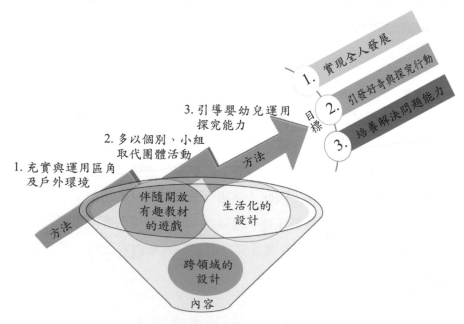

圖 4-1-2.　幼兒 STEM 教育之設計三要素：目標、內容、方法

的「教學目標」；同時代表教學方法的曲線長箭頭也盛載著三項「教學內容」，將教學內容加以傳遞與實現，最後達到教學目標。

二、STEM 探究活動之設計說明

此處以「地瓜在哪與如何野炊？」活動具體地說明 STEM 探究活動要如何設計，將依據 STEM 教育的設計三步驟加以分析，同時也分析此 STEM 探究活動設計所蘊含之三要素，以供讀者參閱。

（一）選定問題與設計

暑假結束前教師正規劃下學期課程，突然靈光一現想到：秋日是幼兒生活中常見的地瓜成熟時節，設計一個讓幼兒在園中自行尋找、採挖地瓜並就地烹煮的活動，此源自生活中的問題對幼兒而言確實是有趣好玩的，例如地瓜在哪裡？如何採摘？如何就地搭蓋能平穩置鍋且燃火烹煮的爐灶？什麼是可燃物？怎麼樣才知地瓜煮熟了？足可引發好奇與探究行動並面對問題解決，不僅符合幼兒 STEM 教育的設計目標——引發好奇與探究行動、解決生活中的問題；而且，要建蓋可燃火烹煮地瓜的平穩爐灶，幼兒可體驗工程歷程，符合以工程為核心活動的 STEM 教育。再且此活動內容涉及多元概念與多個學科領域，例如地瓜的生長樣貌（科學）、爐灶工程的搭蓋（工程）、可燃物的認識（科學）、食物烹煮的物理變化（科學）、地瓜食用切割分配（數學）、野炊小書的記錄（語文）等，不僅符合跨領域的設計，而且也符合幼兒 STEM 教育設計內容的其他兩項要素——伴隨開放有趣教材的遊戲、生活化的設計。於是選定此——「地瓜在哪與如何野炊？」待解決問題，開始著手設計活動內涵，整個活動設計完整內涵有如表 4-1-1 所示（也可以簡案列出主要流程）。

最重要的是，在設計活動的進行步驟時，要先行思考活動情境與教學方法，尤其是如何引導幼兒運用探究能力如觀察、推論、查資料、預測、驗證、比較、記錄等，去設法解決所遭遇的問題或面對的挑戰，而非一謂地告

表 4-1-1　「地瓜在哪與如何野炊？」設計步驟 1：選定問題與設計

活動名稱：地瓜在哪與如何野炊？

活動目標：引發好奇與探究行動、培養解決問題能力、體驗採摘地瓜與認識地瓜生長樣貌、體驗建蓋結構平衡爐灶與簡單的燃火烹煮現象

準備材料：已烹熟的地瓜數個、大石塊、磚塊、大鍋、大長筷或大長夾、燃火材料如樹枝、火種、紙張等

進行步驟：

1. 教師拿出煮熟的地瓜，當面切開請幼兒食用一小塊後，告知校園裡有地瓜，引發幼兒探索興趣，然後和幼兒帶著平板電腦到園裡尋找地瓜。歷程中提示幼兒為何地瓜稱為「地瓜」，或引導幼兒搜尋平板電腦資料並與地面植栽比對。

2. 問幼兒地瓜怎麼從地裡取出？需要什麼工具？請幼兒立即自行拿取工具並試取！

3. 當幼兒取出地瓜時，問幼兒要如何就地烹煮食用？需要什麼材料與工具？教師可引導幼兒運用平板電腦找出爐灶（烤爐）圖片，並請幼兒分組設計，然後合作地就地運用磚塊、石頭或土塊等試著搭蓋出來。

4. 搭建過程中引導幼兒思考：如何搭蓋結構平衡與能燃火的爐灶？即鍋子若欲平穩擺放於爐灶上燒水烹煮，要如何搭蓋？什麼東西可當燃火材料？並請幼兒以行動嘗試。允許各組別間搭建不同形式的爐灶與運用不同的燃火材料，讓幼兒當場比較，並拍照以供回教室時進行統整討論（中大班有所區分，見下調整第 3 點）。

5. 在等待地瓜熟軟過程中，可請幼兒繪畫、記錄搭建爐灶歷程，完成地瓜野炊小書。在烹煮一段時間後，問幼兒如何知道地瓜已經可食用？或問幼兒早上吃的地瓜口感如何（軟、甜）？引導幼兒以大長筷插入地瓜，看是否熟軟可食。

6. 待涼後，平均切開讓大家快樂享用地瓜（可順機帶入數學），並在教師與義工家長幫忙下，一起收拾。

調整或延伸：

1. 本活動可用烤或蒸替代水煮，均以安全至上為考量，可邀義工家長分組協助。例如搬運磚石時，務必叮囑合作與協調地搬運；搭建爐灶時，亦要提醒小心堆疊每塊磚石；燃火烹煮地瓜時，亦要提醒火的危險性、水的溫度與狀態變化。

2. 本活動可分次進行，如尋找與認識地瓜生長樣貌可先進行，第二次才進行搭蓋爐灶野炊地瓜活動，視幼兒對植物生長與樣貌有否經驗而定。

3. 本活動可依年齡層彈性調整內容，例如中班比較著重在尋找與採摘地瓜、搭建結構平衡的爐灶，與認識較淺顯的燃火烹煮現象如可燃物、食物烹煮物理變化。大班則可視人力與幼兒狀況增引至較為深入的燃火烹煮現象，例如比較燃火材料的效果如乾樹枝、紙張與濕樹枝等；比較不同結構樣式爐灶的通風燃火狀態，如磚石堆疊密實度、柴火通風口尺寸等；觀察水的狀態變化等。

4. 地瓜可做成不同的可口食物如煎地瓜泥餅、炸地瓜球等，所需烹調工具、材料、技術也不同，可讓幼兒探究，一系列探究活動甚至可形成一個 STEM 探究主題。

訴幼兒該怎麼做。例如進行步驟 1——「……和幼兒帶著平板電腦到園裡尋找地瓜。歷程中提示幼兒為何地瓜稱為「地瓜」，或引導幼兒搜尋平板電腦資料並與地面植栽比對。」目的在於讓幼兒觀察、探究地瓜可能在哪裡？教師則在旁提示並引導幼兒運用科技產物查找資料、進行比較，以確認答案。再如進行步驟 2——「問幼兒地瓜怎麼從地裡取出？需要什麼工具？請幼兒立即自行拿取工具並試取！」目的在引發幼兒思考、推論、預測與驗證，以取出地裡的地瓜。至於進行步驟 4——「……引導幼兒思考：如何搭蓋結構平衡與能燃火的爐灶？即鍋子若欲平穩擺放於爐灶上燒水烹煮，要如何搭蓋？什麼東西可當燃火材料？並請幼兒以行動嘗試。允許各組別間搭建不同形式的爐灶與運用不同的燃火材料，讓幼兒當場比較，並拍照以供回教室時進行統整討論。」以上設計充滿機會讓幼兒觀察、推論、預測、驗證、比較、溝通等，並也具有紀錄功能。若於活動設計時，就能如上先行思考於進行時要如何引導幼兒，就已達事半功倍之效，於教學互動時即能充滿信心地支持幼兒的探究。

（二）探究問題內涵

第二個設計步驟是教師先自行探究問題的內涵，包含對問題本身的理解及活動順利進行的庶務面向，例如問題涉及什麼概念、知能？整個活動的目的（為何做）？需產生什麼製作物（做什麼）？這製作物需要什麼材料、工具與技術（如何做）？需要製作多少？在哪裡製作？就此「地瓜在哪與如何野炊？」活動而言，首先是思考為何要做此活動，省思活動設計的目標——引發好奇與探究行動、培養解決問題能力、體驗與認識：地瓜生長樣貌、結構平衡的爐灶及簡單的燃火烹煮現象，使實際活動進行時能聚焦、不偏離所訂目標；其次是思考與探究要做什麼與如何做？即著眼於孩子在過程中得做出的平穩且能燃火烹煮的爐灶，以及這行動與製作物需要什麼材料、技術與工具的支援？也就是教師對爐灶的結構、外觀與功能須先行探究，並了解建造爐灶所需的相關資源與技術，方能了解孩子在探究過程中可能遇見的問題

（如合作搬運磚石、水火安全問題等）與需要什麼鷹架引導或協助，以及便於準備孩子探究的舞臺——估算園內現有材料、工具或技術（如磚塊、大石頭、大鍋、長筷等）夠用否？需再準備嗎？規劃探究行動的地點（如園內種植園圃、校園泥土地可分幾組？），讓活動想法得以實現。探究問題內涵如圖4-1-3.所示，最重要的是，教師要將探究結果寫入教案中，引導幼兒探究，含確認目標、計畫與選擇方案。當然如前所言，探究待解決問題的內涵可以在選定問題後、設計前；也可以是一面設計一面探究；當然也可以是在設計活動後，端看教師對該待解決問題的概念與知能熟悉程度。

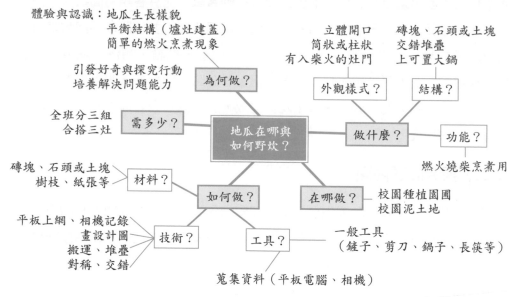

圖 4-1-3. 「地瓜在哪與如何野炊？」設計步驟 2：教師探究問題內涵

（三）分析 STEAM 要素與調整

接下來的設計步驟是分析STEAM要素與調整。在一般狀況下，教師設計完活動，也做了相當的探究，了解所涉各領域知能，在活動進行前，教師則可進一步分析此一設計活動的STEAM成分，如若哪個領域不足或較弱，則可稍事調整或強化，「地瓜在哪與如何野炊？」活動之 STEAM 分析如表 4-1-2 所

表 4-1-2 「地瓜在哪與如何野炊？」設計步驟 3：STEAM 要素分析

涉及領域	活動之 STEAM 分析
S（科學）	● 體驗地瓜生長樣貌、平衡結構（爐灶）、可燃物，及食物烹煮物理變化 ● 運用科學程序能力（觀察、比較、推論、預測、驗證、記錄等）
T（技術）	● 使用平板電腦搜尋資料、相機記錄、繪畫設計圖 ● 運用搭建技法：堆疊、搬運、交錯、對稱等 ● 運用人類智慧產物：磚塊、鏟子、鍋子、長筷或長夾等
E（工程）	● 設計爐灶圖、實際搭建爐灶與調整（依鍋子擺置平穩度與燃火通風要求調整堆疊狀態）
A（人文藝術）	● 表現爐灶的整體造型、對稱、型式等美感 ● 記錄野炊小書 ● 繪畫設計圖 ● 表現合作搭建的情意
M（數學）	● 計算與估算：爐灶所需建蓋層數、使用磚塊或石頭數、食用地瓜的分配數等 ● 幾何、空間與空間推理：磚石堆疊的立體幾何造型、整體空間運用與推理、爐灶體積與鍋子尺寸比等

示。不過如前所述，在最初選定問題之際，也可以先對這個待解決問題所涉的 STEAM 成分加以分析，或者是在設計活動內容階段予以探究與分析，若發現 STEAM 成分不足，則可以設法補強，或就不選擇此一問題。基本上以上三步驟有部分是重疊進行的，可以確認的是，經過此三步驟的設計程序，教師自然較具信心，可好整以暇地與幼兒互動，帶領幼兒進行 STEM 探究。

三、STEM 探究主題之設計說明

　　主題式的 STEM 探究是架構在「主題探究課程」基礎之上，其下的各領域 STEM 活動都是在主題脈絡下整合在一起，因此其設計與實施都是追隨主題探究課程的做法，已於第二章第三節簡述，亦請詳見拙著《面向 21 世紀的幼兒教育：探究取向主題課程》第五章與第六章（周淑惠，2017a）。若探究取向主題課程真是遵循探究精神而設計暨實施，多半會顯現豐富的 STEM 經驗，然而若要確保或更加趨向 STEM 探究，則要多加導向以製作物解決問

題並檢視 STEM 各領域成分，或是遵從上述 STEM 教育設計三步驟——選定問題與設計、探究問題內涵、分析 STEAM 要素與調整。具體而言，首先第一步必須基於原本主題探究課程的「主題概念網絡活動圖」，在其中選定幾個值得進行 STEM 探究或待解決的問題加以設計活動；接著教師再去探究這些問題的內涵，以增進專業知能、強化信心與準備幼兒探究舞臺；然後則進行 STEAM 要素分析並視要素充足與否加以調修。而以上三步驟則有可能是相互重疊進行著，已如上述。

（一）選定問題與設計

第一個步驟是選定問題與設計，即是在原有主題探究課程之主題概念網絡活動圖上選定幾個欲進行STEM探究或待解決的問題並標註出來，其選擇考量有二：是否深富 STEM 元素適合進行 STEM 探究？幼兒也頗感興趣嗎？如圖 4-1-4.「房屋」主題概念網絡活動圖上的六個選定的STEM探究活動（以紅色小三角形標記）：「我蓋最高的塔！」、「創意帳篷展！」、「我的創意木工傢俱！」、「如何搭蓋小木屋？」、「我的創意樓房！」、「如何穩固樹枝屋？」就是初步評估幼兒感興趣且可進行STEM探究的待解決問題或挑戰。也許還有一些活動也值得選擇，但教師還是必須考量實際狀況進行取捨，例如幼兒的興趣與狀態、主題時間的長短、幼兒園的資源、教師的知能等。在選定 STEM 探究或待解決的問題後，則有如以表 4-1-1 個別的 STEM 探究活動「地瓜在哪與如何野炊？」般，將這六個活動的內容一個個設計出來（也可以簡案勾勒，端視教師的能力與信心狀態），在此就不再贅述。而以上每一個活動都可能不只進行一次，有的活動可能需要好幾次才能做完，例如「我的木工傢俱！」在進行時會歷經設計、製作與完善的階段，每次活動時間只能進行一部分，所以在規劃課程時需保留充分時間。

（二）探究問題內涵

接著第二個步驟是探究這些標記問題的內涵，也就是教師先行探究、思

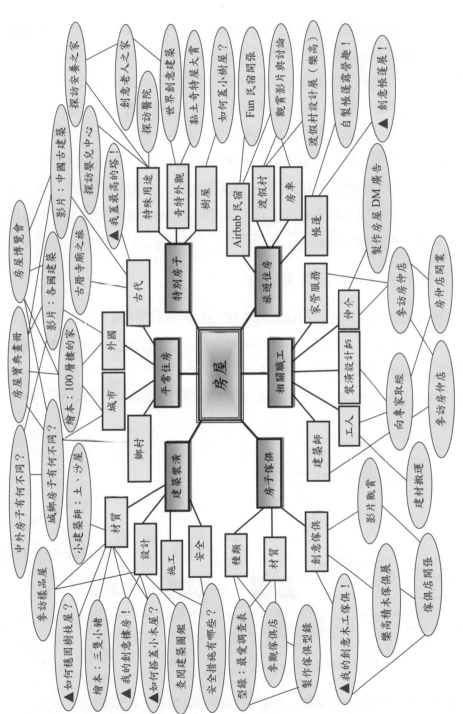

圖 4-1-4. 「房屋」主題概念網絡活動圖結合之選定 STEM 探究活動

考，了解各個值得探究或待解決問題所涉概念與內涵及需準備什麼，獲取安心與信心。如圖 4-1-5.是以探究問題 1「我蓋最高的塔！」與探究問題 5「我的創意樓房！」為例，說明含 W、H 開頭問題的探究架構，例如：為何蓋？蓋什麼？它的外觀、結構、功能是什麼？在幼兒園哪裡蓋？如何蓋或製作？需要什麼技術、材料或工具？需要蓋多少等？圖 4-1-6.與圖 4-1-7.則是初步探究的結果，基本上是理解目標問題所涉及的概念與原理，解決問題的製作物外觀與結構，製作過程所需的材料、技術與工具，並藉機評估園方現有情況，以便準備幼兒探究的舞臺，也讓教師預估幼兒可能遭遇問題及所需搭構的協助鷹架，增加教學信心。

（三）分析 STEAM 要素與調整

最後分析此一選定設計的活動的 STEAM 要素，如若覺得 STEAM 要素還是薄弱，可以思考如何增添 STEAM 元素，或稍微調整方向等，讓主題探究課程更加趨向 STEM 教育。完成 STEAM 分析則設計階段大體完成。表 4-1-3 與表 4-1-4 分別為「房屋」主題兩個 STEM 探究活動之 STEAM 分析。

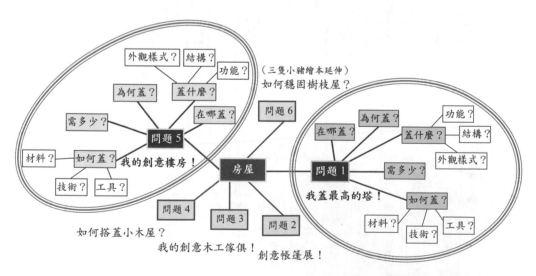

圖 4-1-5. 教師探究「房屋」主題所選定問題之架構：以問題 1 & 5 為例

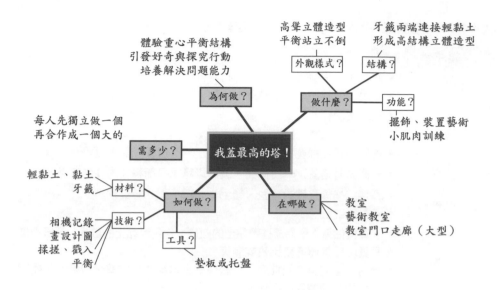

圖 4-1-6.　教師探究「我蓋最高的塔！」問題之結果

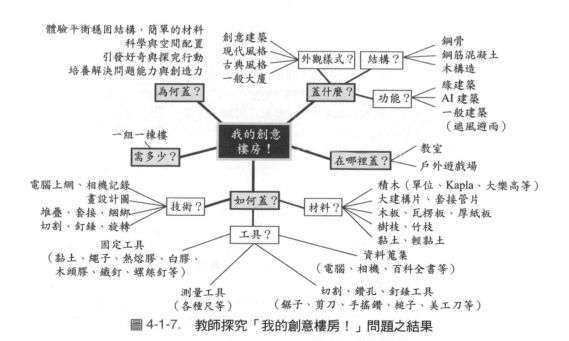

圖 4-1-7.　教師探究「我的創意樓房！」問題之結果

表 4-1-3 「我蓋最高的塔！」之 STEAM 要素分析

領域	STEAM 要素分析
S（科學）	• 體驗重心平衡結構、簡單的材料科學（輕黏土特性） • 運用科學程序能力（觀察、比較、推論、預測、驗證等）
T（技術）	• 以相機記錄、繪畫設計圖 • 運用製作技法：揉搓、戳入、平衡等 • 運用人類智慧產物：牙籤、輕黏土、墊板或托盤工具等
E（工程）	• 一面試著搭蓋，一面探究、調修以尋求平衡穩立的高結構體
A（人文藝術）	• 展現結構體整體的造型、顏色、對稱、型式等美感 • 繪畫設計圖
M（數學）	• 計算與估算：所需揉搓輕黏土的數量、各色輕黏土的數量、牙籤數量 • 測量：結構體高度比較或測量 • 幾何、空間與空間推理：牙籤與黏土球構成的立體幾何造型、整體造型的空間運用與推理

表 4-1-4 「我的創意樓房！」之 STEAM 要素分析

領域	STEAM 要素分析
S（科學）	• 體驗平衡結構、簡單的材料科學（各種建構素材特性） • 運用科學程序能力（觀察、比較、推論、預測、驗證等）
T（技術）	• 使用電腦上網（搜尋樓房造型）、相機記錄、畫設計圖 • 運用搭建技法：堆疊、套接、綁綑、旋轉、釘錘、切割等 • 運用人類智慧產物：各種建構積木、輕黏土、塑楞板材料，各種切割、固定、測量工具，百科全書等
E（工程）	• 設計與建蓋穩固的樓房、樓梯造型與樓層內部空間，並經調整修正歷程
A（人文藝術）	• 呈現整體樓房造型、樓梯造型、門窗造型、內外觀美化等 • 繪畫設計圖 • 顯現合作地搬運與搭蓋情意面向
M（數學）	• 計數與估算：所需樓房層數、樑柱數量、樓梯階數、房間數量、材料數量等 • 測量：整棟樓房、每層樓、樑柱、階梯、窗戶之長寬高等 • 幾何、空間與空間推理：整體大樓與各層樓內部之立體幾何造型、整體空間分配與推理

最後要注意的是，在整個主題的實際教學進行時，為確保更趨近 STEM 教育，建議教師不斷檢視各活動的 STEAM 成分並加以適度調整；而最後在整個主題結束之後，最好也進行匯總的 STEAM 分析，檢視整個主題的 STEAM 總成分，如表 4-1-5 所示，以為未來實施類似主題的參照，或者是發覺某些領域較為不足時，則可在接下來的主題中設法補足平衡之。

表 4-1-5　整個主題 STEAM 總成分分析

房屋主題之 STEAM 總成分分析						
領域	問題 1	問題 2	問題 3	問題 4	問題 5	問題 6
S（科學）						
T（技術）						
E（工程）						
A（人文藝術）						
M（數學）						

第二節　幼兒 STEM 教育之課程實施原則

上節論及設計 STEM 課程三要素，在設計教學方法方面要預先考量：充實與運用區角及戶外環境、多以小組取代團體活動、引導幼兒運用探究能力，若能依此確實設計，預思如何進行教學互動，則於其後之實際教學就能事半功倍。本節則探討幼兒 STEM 教育之實地實施，特別是實施指導原則，分別從幼兒、教師及師生互動三層面論述。

一、幼兒層面──體驗以探究為核心之「設計、　　製作、精進」歷程

根據第一章定義，STEM 教育的目標是解決生活中問題或滿足生活需求，其主要歷程涉及設計、製作與精進的工程活動，至於方法則是探究，職是之故，研究者提出幼兒 STEM 教育之實施指導原則──讓幼兒體驗以探究為核心之「設計、製作、精進」歷程，如圖 4-2-1. 所示。詳言之，STEM 教育在實施時，必須讓幼兒面對待解決的問題（圖最左邊黑框），然後引導幼兒歷經工程歷程的設計、製作與精進程序（圖中虛線方框與框內三個圓形），而在此工程歷程進行中的三個階段，幼兒則不斷地來回運用觀察、推論、記錄、比較、驗證、溝通等亦稱為探究力的科學程序能力（圖中虛線方框內最中心綠色小圓形與三個黃色小雙箭頭），最後產生製作物解決了原本的問題（最右邊黑框）。

一般而言，工程程序有六個步驟：(1)定義與確認問題；(2)研究可能方案；(3)規劃與選擇方案；(4)建立模型與測試；(5)改進修正；(6)溝通分享解決方案（Heroman, 2017; Lange et al., 2019; NRC, 2013; Stone-McDonaldet al., 2015; Tank et al., 2017）。研究者簡化為「設計、製作與精進」三大程序，將以上六步驟納入三大程序中（圖 4-2-1.），在設計階段有兩個小步驟──確認目標、計畫與選擇，在製作階段有兩個小步驟──動手做、測試。說明如下。

圖 4-2-1. 幼兒 STEM 教育之實施指導原則：幼兒層面

（一）設計程序

在設計程序首先要「確認目標」，也就是確定待解決問題或挑戰並深入探究，包括可能的解決方案是什麼（需要產生什麼製作物）？這製作物涉及什麼原理？關鍵要素是什麼？它的外觀形式、結構、功能為何？要如何製作？需要什麼材料、技術與工具？需要的數量？在哪裡製作？建議可借助幾個 W、H 問題的探究架構——為何做？做什麼？如何做？需多少？在哪做？如圖 4-2-2.「如何蓋小倉鼠遊樂園？」之例，教師在團討時利用白板或大壁報紙呈現架構，引導幼兒進行思考與探究，並讓幼兒將探究結果以塗鴉、繪圖方式記錄於探究架構上適當處，在幼兒熟悉做法後，則讓幼兒以小組方式自行探究與記錄。

圖 4-2-2.的文字部分是為了讀者說明之用，幼兒在教師協助下，只要在架構合宜處塗鴉記錄、繪圖即可。最後就是「計畫與選擇」，即計畫後選擇計畫的方案了，例如在記錄探究網絡圖後，若發覺教室沒有塑楞板、製作大轉輪太複雜了，就在教室現有材料厚紙板、冰棒棍、甘蔗板片中，選擇使用冰棒棍製作房屋，並外接樓梯與滑梯的設計方案，大轉輪則留待下次製作；

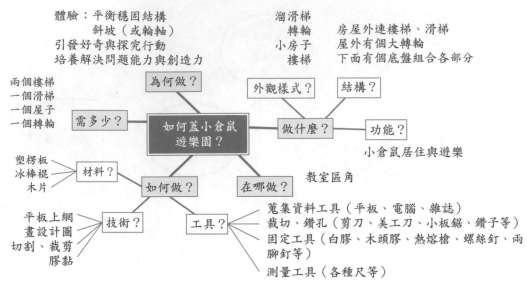

圖 4-2-2. 「如何蓋小倉鼠遊樂園？」設計階段之探究網絡圖

且因這是個組合設計小製作物多，怕時間拖拉幼兒失去興趣，就決定以分組製作再一起組裝的合作方式進行。不過在設計階段，幼兒即要運用「搜尋資料」（平板、電腦、雜誌等）、「觀察」、「比較」（各種倉鼠遊樂園圖片）、「推論」（觀察後推斷是如何設計、製作或是如何連接各小製作物）、「訪談」（寵物店老闆、養倉鼠的老師）、「記錄」（將探究結果記錄於探究網絡圖）、「溝通」（擬製作的製作物的外觀形式、結構等）等能力去探究，以確認與了解製作標的、計畫擬製作的方案並選擇合適的方案。

（二）製作程序

設計完成即進入製作階段，包含動手做與測試。動手做時幼兒必須隨時解決製作中的各樣問題，即一面思考推論，一面透過動手操作驗證與測試自己的想法。例如冰棒棍如何裁切出大小相同的階梯？如何讓兩片斜向屋頂與屋子主體結構緊密黏合？如何讓樓梯轉彎？冰棒棍不夠得用厚紙板替代時，要怎麼讓厚紙板能防水？如同設計階段，在整個製作過程中，幼兒均需運用

探究能力，例如發現樓梯無法做出轉彎樣式時，於是再度「搜尋」平板電腦圖像，「觀察」、「比較」其製作物與設計圖、平板上圖像有何不同？「推論」可能要如何製作或調整製作方式？將自己的推論與組員「溝通」協調，以行動測試或「驗證」自己的想法等。

（三）精進程序

製作大體完成時，幼兒必須檢視自己的製作物效果並設法調整改善，例如房子明顯無法平衡站立、屋頂好像太傾斜、滑梯好像太陡直、不同組件之間尺寸不同難以連接牢固等。在「推論」製作物效果不佳原因後，就要根據其推論加以改良、修正，這調修步驟可能得進行好幾回合，幼兒要不斷「觀察」、「推論」、「預測」、「比較」、「溝通」、「驗證」等，甚至再度「搜尋資料」或「訪談」專家，以達優化製作物的目的，即整個精進程序也脫離不了探究能力的運用。

由此可見幼兒於設計、製作與精進三階段工程程序中均要進行探究，探究是工程程序的重點，所以圖 4-2-1. 將探究顯示於三個程序之中心位置（圖中央之綠色小圓圈），而且可能是需要來回不斷地探究，所以用綠色小圓圈旁三個黃色雙向箭頭表示。總之，這個指導原則是從幼兒角度論述之，強調幼兒在 STEM 教育中，必須不斷地運用探究能力以歷經設計、製作與精進的工程過程。

二、教師層面──運作以評量為核心之「探究、鷹架、表徵」循環歷程

幼兒在歷經設計、製作與精進的工程歷程並運用探究能力時，教師的角色是什麼？研究者提出第二個 STEM 教育實施之指導原則──教師運作以評量為核心之「探究、鷹架、表徵」循環歷程，簡稱 IRS 歷程，取自探究（Inquiry）、鷹架（Scaffolding）、表徵（Representation）三個英文字之第一個英文字母，修改自美國探究教學 5E 模式──投入（Engage）、探索（Explore）、解釋（Explain）、擴展精進（Elaborate）與評量（Evaluate）（周淑惠，2017a），強調幼兒在STEM教育中探究與表徵之必要性及教師在旁提供鷹架支持之關鍵角色，而無論是在幼兒探究或表徵時，或是教師提供鷹架支持時，教師都要評量幼兒的表現。

此指導原則如圖 4-2-3.所示，當孩子投入於探究行動當中或之後，教師則需在旁搭構鷹架引導（含師生與同儕間對話）；同此之時孩子可能以各種方式表達、解釋或分享其現階段探究結果、發現或理解；而當孩子在表徵當中或之後，教師也需搭構鷹架以支持或挑戰，所以以三個部分重疊的圓圈表示三者間之交織共疊密切關係。很重要的是，「探究、鷹架、表徵」的核心是教師的評量或觀察，老師必須依據評量結果，隨時調整其在幼兒探究與表徵中的教學鷹架與互動，如是三者交疊關係不斷地循環，在各個活動陸續開展下，擴展了孩子的知能。

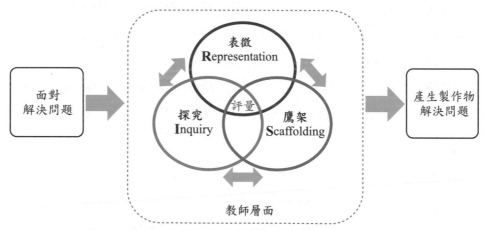

圖 4-2-3.　幼兒 STEM 教育實施之指導原則：教師層面

從幼兒層面的實施指導原則言，幼兒於工程程序的三階段中均需持續運用探究能力，當探究進行中或每告一段落，必定會表達現階段探究所得（即表徵），例如以塗鴉與小圖加註於探究架構網絡圖、繪畫製作物的設計圖、

向組員溝通或說明製作方式、調整某部分製作方法、與其他幼兒協商修正改善方式等，因此探究與表徵有部分是重疊的；而無論是在探究或是表徵階段，教師都必須密切注意幼兒的狀態，評量其表現，據以搭構合宜的鷹架，所以老師的鷹架與幼兒的探究、表徵亦有部分是重疊的，形成三者交相互疊狀態，其交集處就是教師對幼兒的評量了，代表教師要緊密觀察幼兒的表現。

三、師生互動層面——在幼兒工程歷程中教師搭建以評量為核心的鷹架

　　以上是從教師層面提出幼兒 STEM 教育實施的指導原則，其實教師運作以評量為核心之「探究、鷹架、表徵」循環歷程，是在幼兒體驗設計、製作與精進工程歷程的大情境下運作的，也就是教師執行以評量為核心之「探究、鷹架、表徵」循環歷程，是在支持幼兒的工程製作，撐起工程設計、製作與精進歷程，以協助幼兒產生製作物解決問題。孩子在三階段工程程序中即不斷地在探究，而當孩子探究並表徵時則伴隨著教師的鷹架，如影隨形，如圖 4-2-4. 所示。比較圖 4-2-4. 與圖 4-2-1. STEM 教育實施指導原則，可發現二圖最大不同處乃在中心圖示，圖 4-2-1. 乃僅從幼兒層面顯示工程歷程中的幼兒探究，而圖 4-2-4. 乃從教學互動中呈現師生雙方的「探究、鷹架、表徵」循環歷程，不過二圖都是強調幼兒在「設計、製作與精進」工程歷程的大情境中探究。

　　鷹架引導是幼兒探究之方向盤或舵手，可使探究行動不偏離或持續。例如幼兒在製作 S 形旋轉樓梯歷程中，一方面難免遇到困難情緒受挫，或是一直打轉、失敗，最後可能不了了之，教師預見後面製作上的可能困境，則可適時在旁激勵或提示，例如不斷提醒及強調小倉鼠有遊樂園一定很興奮，或是提示可將 S 形樓梯分段製作再設法連接等，使幼兒看見希望、重燃探究熱情。再方面而言，情境或問題可能也會超越幼兒現階段知能，但可在合宜挑戰與協助下完成並因而拓展其知能，例如提示幼兒等分冰棒棍使成一階一

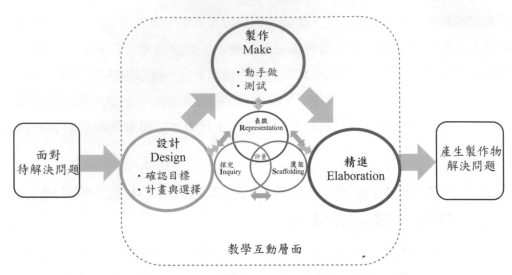

圖 4-2-4. 幼兒 STEM 教育實施之指導原則：教學互動層面

的樓梯。而以上這些情況需教師在旁仔細觀察幼兒表現並搭架引導、助其一臂之力。

　　研究者曾基於國科會研究，提出多種鷹架：架構鷹架、回溯鷹架、語文鷹架、示範鷹架、同儕鷹架與材料鷹架（周淑惠，2006），甚或是氛圍鷹架、情境鷹架（周淑惠，2011），均為好用的引導策略，有益於幼兒的探究行動。值得一提的是，「語文鷹架」為所有鷹架的核心，因許多鷹架皆需借重語文的仲介，如提供探究行動框架與方向的「架構鷹架」，是以書寫語文、圖像或口訣呈現；回憶情境、勾勒印象的「回溯鷹架」需伴隨對話或提問等。所以教師的提問與對話為幼兒探究的助燃劑，熟用提問與對話對幼兒STEM 教學無往不利，不僅具鷹架作用，而且也具引起動機之效。例如在製作影偶戲臺的 STEM 活動中，以下問題頗值參考：有什麼方法可以讓影偶戲臺有不同的背景效果出現？戲臺空間要多深才能彈性地將投影效果變大、變小？只有一種方法嗎？如何製造有亮亮五官的影子臉譜？

　　再舉一製作小汽車的 STEM 探究活動為例，當幼兒以寶特瓶鑽洞穿過竹筷再於兩端加上瓶蓋，做成小車子，可是在嘗試幾次後小車子仍無法行走或

行走不順，幾乎瀕臨放棄階段，此時教師也特意做一輛小車在旁行駛，引發幼兒關注並順勢鼓勵其操作、觀察及比較老師的車和他的車有何不同，幼兒在操作、檢視兩輛車後，終於發現問題所在，推論是因為他車子的軸無法帶動輪，於是將寶特瓶的洞挖大些，讓軸可轉動，終於車子可以行駛了。這是一個明顯的「示範鷹架」，教師示範一輛可以行駛的自製小車，但是其目的不是要幼兒照樣模仿，而是要引發幼兒觀察、比較、推論並以行動測試，以修正其製作物，也就是示範鷹架是要引發幼兒的探究動機與探究能力，使其改進當前的製作物，而能更上一層樓。

顯而易見的是，以上示範鷹架例子是以語文鷹架為仲介，教師鼓勵幼兒操作、觀察並比較，都需要透過語言的傳遞，例如：「你覺得你的車與老師的車有什麼不一樣？」、「我的車在走時，是什麼東西在動？」、「我的輪軸跟你的輪軸有什麼不一樣的地方？」、「你覺得你要修改哪裡？怎麼修改？」等。在此特別提醒，有時特意將能力較高的幼兒安排在小組內，作為引導其他幼兒的「同儕鷹架」，也是協助幼兒進階發展的很好方式。

值得注意的是，年紀愈小所搭鷹架可能要愈深或愈多。例如同樣是斜坡行車 STEM 探究活動，小班幼兒初次接觸斜坡遊戲，教師可能要準備好幾種不同高度的墊高物，引導幼兒試圖架上形成不同的斜坡；教師可能也需先行製作得分的方陣盤面，讓幼兒知道可以依照車子溜下斜坡的遠近距離計算得分，並以提問的語文鷹架引導幼兒探索不同高度斜坡與車行遠近、得分的關係。然而對於大班幼兒則可放手讓其探索，例如自行決定墊高斜坡的物品（以架設不同高度的斜坡）、滾落斜坡的物體（如小球、大彈珠、圓柱體等）；並依其遊戲需求自行製作顯示物體滾落遠近得分數的盤面（如用大壁報紙畫上方格寫上不同分數、用巧拼地板拼組方陣貼上不同分數、直接在戶外硬表層區用粉筆畫上方陣等），以設計遊戲計分方式。不過切記任何的鷹架都要逐漸退去，讓幼兒能獨立運作新獲得的知能，這樣才能達到鷹架的真正作用。

第五章
幼兒 STEM 教育之
課程設計示例

坊間實施 STEM 教育者仍為有限，為培育符合未來時代之需的幼兒，本書鼓勵教師大膽嘗試並先以較為簡單、個別的 STEM 探究活動為始，漸進試行至具有脈絡、以主題統整的 STEM 探究課程。故本章接續上章幼兒 STEM 教育之課程設計與實施原則，在第一節呈現六個 STEM 探究活動之設計實例，不過考量活動前後關聯對幼兒較有情境意義，這些活動還是在主題脈絡下設計，分別屬於三個主題。此舉主要目的在收一舉二得之效，不僅讓讀者理解個別的 STEM 探究活動之設計實務，而且順帶讓讀者知曉主題式 STEM 探究課程之設計樣貌。這些設計（含主題概念網絡活動圖與其下活動）均遵循第四章之設計三步驟與三要素原則，是在研究者指導下，由碩班研究生羅華珍等五位同學所共同設計，研究者再加以審修而成。

又運用繪本情境傳遞問題或挑戰讓幼兒入戲代為解決，是幼兒 STEM 教育之重要切入途徑，所以第二節則專門以繪本為主，呈現以繪本情境設計 STEM 探究活動的例子，不僅提供一些設計 STEM 活動可參考的繪本資源，以及這些繪本可資運用於 STEM 活動設計的問題與挑戰，而且也提供 STEM 探究活動的具體設計步驟，讓有心實施者可以參照。至於第一節六個 STEM 探究活動的實施狀況，則請參見第六章課程實施實例之第四節專節敘述。

第一節　幼兒 STEM 探究主題與活動之設計示例

　　本節呈現三個 STEM 探究主題——「懷舊的中華文化」、「好用的繩子」、「一紙神功」，與各主題脈絡下兩個相關 STEM 探究活動之設計實例（表 5-1-1），基本上均是依據幼兒 STEM 教育之課程設計三步驟，首先在「主題探究課程」的「主題概念網絡活動圖」中，選定幾個問題或挑戰加以設計 STEM 探究活動；接著教師探究問題或挑戰的內涵；最後進行 STEAM 要素的分析與調整。在此再次強調兩點：首先，在預設的主題概念網絡活動圖最好是師生共構的，含幼兒參與成分，如在團討中以教師繪畫的網絡圖為討論架構並據以修正，或是師生皆繪網絡圖並在團討中比較後統整修正。其次，擬定的主題概念網絡活動圖之各個領域活動要具有探究性，讓幼兒能運用觀察、推論、預測、驗證等科學程序能力；而所選定的 STEM 探究活動除富有探究性外，還強調以製作物解決問題的內涵設計。

　　本節主要在呈現整個主題式 STEM 探究課程之大體設計樣貌，並著重其下各 STEM 探索活動之設計內容，因此課程設計三步驟之第二個步驟——教師自行探究問題的內涵，則予以略過，請教師務必參照第四章第一節的設計步驟，確實探究其內涵，方能為幼兒備好探究舞臺並從容進行教學互動。至於本章所設計之 STEM 探究活動實施狀況，請見第六章幼兒 STEM 教育之課程實施實例之第四節。

表 5-1-1　STEM 探究主題下的活動

STEM 探究主題	STEM 探究活動	
懷舊的中華文化	如何製作舞龍？	古老轎子大創作！
好用的繩子	我會做安全圍網！	如何搭建繩索小屋？
一紙神功	我是機器人！	如何製作卷軸故事架？

一、「懷舊的中華文化」主題

（一）選定「主題概念網絡活動圖」中擬進行的 STEM 探究問題

　　STEM 教育第一個課程設計步驟為「選定問題與設計」。圖 5-1-1. 為「懷舊的中華文化」主題探究課程之主題概念網絡活動圖及所選定的幾個擬讓幼兒面對的挑戰或問題（以紅色小三角形標示）：「如何製作舞龍？」、「古老轎子大創作！」、「花式再生紙」、「竹筏水上漂」、「土角厝工程師！」、「皮影戲開演！」。而以上幾個問題或挑戰有的源自生活中問題如「如何製作舞龍？」、「花式再生紙」、「皮影戲開演！」；有的源自遊戲中問題如「竹筏水上漂」、「土角厝工程師！」（以假想情境傳遞問題）；也有的出自繪本情境如「古老轎子大創作！」（以《老鼠娶新娘》繪本情境傳遞問題），均具有濃厚的 STEM 元素，而且基於經驗，幼兒應該也會感到興趣。其實此主題下可進行的 STEM 探究活動很多，教師宜視幼兒興趣及狀況、主題時間長短與教師自身知能等，綜合考量以選擇合宜的挑戰或問題，設計強調探究性並以製作物解決問題的 STEM 探究活動。

（二）STEM 探究活動設計示例及其 STEAM 要素分析與調整

　　限於篇幅，此處僅選擇「如何製作舞龍？」與「古老轎子大創作！」兩個 STEM 探究活動，呈現第一個設計步驟後半段與第三個設計步驟，即活動內容設計及其 STEAM 要素分析與調整，以供讀者參閱，至於第二個設計步驟則請教師自行探究問題內涵，以利教學實施。

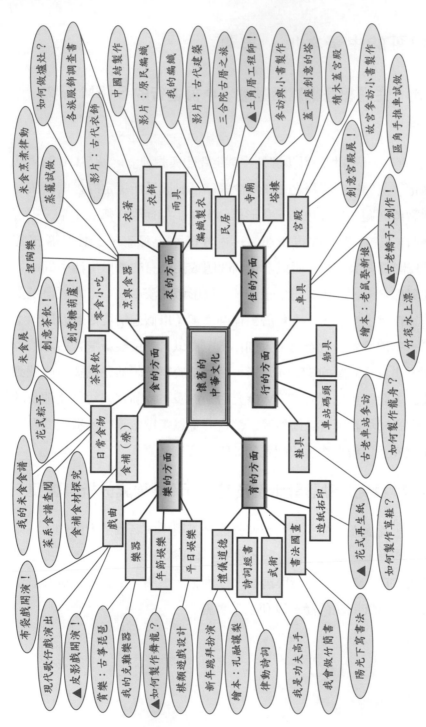

圖 5-1-1. 「懷舊的中華文化」主題於概念網絡活動圖上選定的 STEM 探究問題

1. 如何製作舞龍？

表 5-1-2　STEM 探究活動「如何製作舞龍？」之設計示例

活動名稱：如何製作舞龍？
遊戲目標：引發好奇與探究行動、培養解決問題能力、體驗簡單力學與動態平衡感
準備材料：大型垃圾袋、竹竿或窗簾桿數根、小紙箱、皺紋紙、瓦楞紙、毛根、通心草球、剪刀、美工刀、雙面膠、膠帶等
進行步驟： 1. 新年即將到來，老師詢問幼兒：「新年會看到什麼樣的景象和表演呢？」聆聽幼兒發言後，老師說：「我們園裡也想舞龍慶祝新年！」，引發幼兒製作舞龍動機。 2. 再以平板電腦引導幼兒搜尋舞龍影片、圖片，請幼兒仔細觀察舞龍的整體外觀長得如何？由什麼部位組成（龍頭、龍身、撐竿）？如何能移動位置四處舞動？ 3. 老師把準備的所有材料拿出，請幼兒思考運用現有材料如何做舞龍？強調要真的可舉起來騰空跳舞的龍。讓幼兒發表每種材料的可能性，即這些材料可做舞龍的哪一個部位？ 4. 教師詢問幼兒龍身部位有何特徵，及如何製作長長的龍身？ 5. 教師詢問龍頭部位有何特徵，及如何製作漂亮有巨口的龍頭？當幼兒以紙箱試著製作時，在旁協助切割，同時並請其他幼兒一起思考與運用各種合宜材料，以裝飾龍頭部位。 6. 教師問：「龍頭與龍身都做好了，要怎麼連接起來讓它舞動？」協助幼兒設法將龍頭與龍身連接，並請幼兒思考：「如何讓桿子撐起整條龍而四處舞動？需要幾根？放在哪裡？」 7. 請幼兒試著以撐桿四處舞動著龍，檢視與思考需要改進處（例如幼兒直接將桿子伸入龍身的垃圾袋）？問幼兒問題在哪裡？或教師指著龍身問：「舞龍身上有好幾個尖尖點凸起，圖片上的舞龍有嗎？」、「你們這樣做可以穩定地四處移動嗎？舞動的效果好嗎？」 8. 教師續問：「如何解決龍身有尖凸點與無法四處平穩舞動問題？」視幼兒狀況引導其從紙箱上剪成片狀，然後將桿頭戳黏於紙片上（加大撐桿頂端與龍身接觸面積），並設法固定於龍身，以解決問題。 9. 讓幼兒快樂地舞龍，問幼兒所做的舞龍與影片、圖片上的舞龍有何異同？有什麼地方可以再改進（例如無法做到讓嘴巴開合）？ 10. 最後請幼兒收拾，將舞龍放到團討區大空間讓大家欣賞與試舞。
調整或延伸： 1. 對於能力較好的大班幼兒，可以開放素材，讓其自行選用教室中合宜的素材創作，例如龍身可用數個扁平盒蓋連接，上鋪長條布塊成一節節身體。 2. 也可以提供雙腳釘、螺絲釘、軟鐵絲等挑戰幼兒做出具有開合功能的龍嘴巴。

表 5-1-3　STEM 探究活動「如何製作舞龍？」之 STEAM 要素分析

涉及領域	活動之 STEAM 分析
S（科學）	• 體驗簡單力學（支撐力）與動態平衡感 • 運用科學程序能力（觀察、查資料、比較、推論、驗證、溝通等）
T（技術）	• 使用平板電腦搜尋資料 • 運用製作技法：切割、剪裁、膠黏、連接、固定、組裝等 • 運用人類智慧產物：垃圾袋、紙箱、窗簾桿、皺紋紙、毛根、膠帶等
E（工程）	製作龍身、龍頭與可撐住龍身的舞龍撐桿，從過程中修正、調整以成可四處舞動的龍
A（人文藝術）	• 裝飾龍頭使之有對稱的觸鬚、眼睛、觸角等，呈現龍的樣貌與美感 • 製作與舞動著代表傳統文化節慶活動中的龍 • 體現合作解決問題的情意面向
M（數學）	• 計數：撐桿的數量、垃圾袋的數量 • 估算：撐桿的間距 • 空間：面與點的差異（撐竿與龍身接觸面）

2.古老轎子大創作！

表 5-1-4　STEM 探究活動「古老轎子大創作！」之設計示例

活動名稱：古老轎子大創作！
遊戲目標：引發好奇與探究行動、培養解決問題能力、體驗平衡穩固結構與簡單結構力學（承重）
準備材料：紙箱、鐵絲、桿子、垃圾袋、壁報紙、膠帶、尺、雙面膠等
進行步驟： 1. 教師說：「我們讀過《老鼠娶新娘》繪本，看到老鼠新娘坐的轎子，我們也來做一頂轎子，這樣以後你們就可以玩扮演遊戲了！」引發幼兒創作轎子的動機。 2. 教師接著問：「轎子長的怎麼樣？外面有什麼？裡面有什麼？要怎麼做？」教師接著引導幼兒搜尋平板電腦圖片並請其仔細觀察，然後請幼兒畫出轎子的設計圖。 3. 確認幼兒知道轎子有轎身、抬桿、座位、門窗後，拿出準備的材料，請幼兒思考這些材料可以怎麼運用，以製作能平穩抬起坐著老鼠新娘的娶親轎子呢？ 4. 幼兒製作過程中教師適時引導，例如抬桿是做什麼的？有幾根？要怎麼將抬桿安裝在紙箱（轎體）上讓轎子可以被抬起來？若要坐在轎子裡面的人不會暈晃，那抬桿要怎麼安裝在轎體上？ 5. 請幼兒將初次完成的轎子抬起，檢視與思考還有什麼需要改進（例如抬桿下垂、位置不對稱等）？問幼兒問題在哪裡？要如何將抬桿和紙箱（轎體）固定？或要怎麼做才能平穩地抬起轎子呢？ 6. 抬桿與轎體結構完成後，問幼兒轎子裡還會有什麼東西（座椅）？轎體上還會有什麼（門簾、窗戶）？要用什麼材料做及怎麼做？如幼兒未想到則接著引導：「新娘子很害羞，先不要給其他人看到喔！」。 7. 提醒這是娶親的轎子，要怎麼裝飾才能顯得喜氣洋洋？整體完成後請幼兒與設計圖比對並討論可以再改進之處。 8. 讓幼兒抬著轎子並配合克難樂器，扮演老鼠娶新娘迎親隊伍。 9. 提醒收拾整潔，並將轎子放在娃娃家供大家扮演。
調整或延伸： 1. 可挑戰幼兒：還有其他的方式可以安裝抬桿於轎體上嗎？ 2. 可挑戰幼兒：要讓新娘於轎子內平穩地坐著，除抬桿對稱組裝外，轎子內還可以有什麼設計？

表 5-1-5　STEM 探究活動「古老轎子大創作！」之 STEAM 要素分析

涉及領域	活動之 STEAM 分析
S（科學）	• 體驗平衡穩固結構、簡單結構力學（承重） • 運用科學程序能力（觀察、查資料、比較、推論、驗證、溝通等）
T（技術）	• 使用平板電腦搜尋資料、繪畫設計圖 • 運用製作技法：切割、纏繞、綑綁、戳洞、膠黏等 • 運用人類智慧產物：剪刀、雙面膠、軟鐵絲、尺、壁報紙等
E（工程）	• 繪畫設計圖、製作、組裝與修正，以成喜氣且能平衡地抬起填充娃娃的轎子
A（人文藝術）	• 對稱安裝抬桿並美化轎身使具傳統文化的喜氣感 • 繪畫設計圖 • 製作並抬著象徵傳統文化的喜氣轎子，及伴隨克難樂器的樂音扮演繪本故事 • 體現合作解決問題的情意面向
M（數學）	• 計數：抬桿數 • 測量（比對）：紅紙與紙箱面積、露於轎體外的兩根抬桿等長、抬桿戳入紙箱處等高

二、「好用的繩子」主題

（一）選定「主題概念網絡活動圖」中擬進行的 STEM 探究問題

　　STEM 教育第一個課程設計步驟為「選定問題與設計」。圖 5-1-2. 為「好用的繩子」主題探究課程之主題概念網絡活動圖及所選定的幾個擬讓幼兒面對的挑戰或問題（以紅色小三角形標示）：「我會做安全圍網！」、「如何搭建繩索小屋？」、「吊橋工程師！」、「假日如何自動澆水？」、「我會做鞦韆！」、「創意繩工展！」。而以上幾個問題或挑戰有的源自生活中問題如「我會做安全圍網！」、「假日如何自動澆水？」；有的源自遊戲中問題如「我會做鞦韆！」、「如何搭建繩索小屋？」（以假想情境傳遞問題）；也有的出自繪本情境如「創意繩工展！」、「吊橋工程師！」（以《小野狼的繩子》、《一個愛建築的小男孩》繪本情境傳遞問題），均具有濃厚的 STEM 元素，而且基於經驗，幼兒應該也會感到興趣。其實此主題下可進行的 STEM 探究活動很多，教師宜視幼兒興趣及狀況、主題時間長短與教師自身知能等，統整考量以選擇合宜的挑戰或問題，設計強調探究性並以製作物解決問題的 STEM 探究活動。

（二）STEM 探究活動設計示例及其 STEAM 要素分析與調整

　　限於篇幅，此處僅選擇「我會做安全圍網！」與「如何搭建繩索小屋？」兩個 STEM 探究活動，呈現第一個設計步驟後半段與第三個設計步驟，即活動內容設計及其 STEAM 要素分析與調整，以供讀者參閱，至於第二個步驟則請教師自行探究問題內涵，以利教學互動。

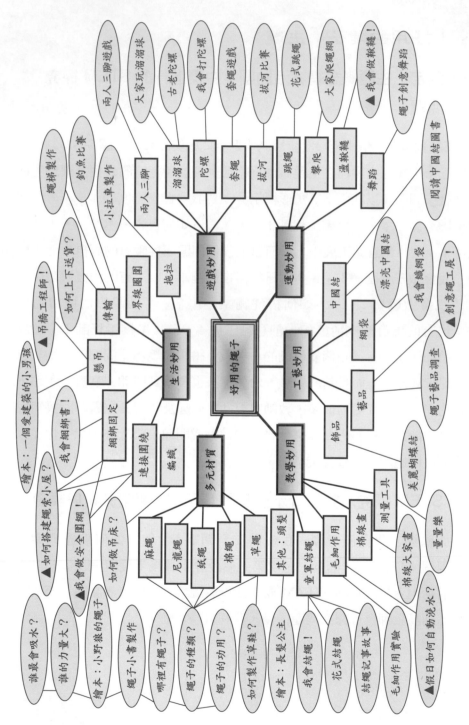

圖 5-1-2. 「好用的繩子」主題於概念網絡活動圖上選定的 STEM 探究問題

1. 我會做安全圍網！

表 5-1-6　STEM 探究活動「我會做安全圍網！」之設計示例

活動名稱：我會做安全圍網！
遊戲目標：引發好奇與探究行動、培養解決問題能力、體驗面積比較（縫隙與身體）、密度與力度（圍繞、拉緊綁定與打結）
準備材料：尼龍繩一大捆、幼兒園樓梯處
進行步驟：
1. 老師提問：「靠近幼兒園教室旁的行政樓樓梯扶杆的縫隙有點大，幼幼班弟弟妹妹們上下樓時愛蹦蹦跳跳，一不小心可能就會掉下去，要怎麼辦呢？」讓幼兒思考並提出解決方法。 2. 當幼兒提出解決方法後（如小心地走、牽著大人走、用布蓋住等），老師拿出一綑粗尼龍繩說：「但是今天我們只有繩子怎麼辦？要怎麼做才能防止小朋友掉下去？」請幼兒思考方法並分組動手嘗試。 3. 老師提問：「你覺得你圍的可以防止幼幼班弟弟妹妹掉下去嗎？」、「看一下別人是怎麼圍繞繩子的？跟你的有什麼一樣或不一樣的地方嗎？」讓幼兒思考與比較。 4. 如果幼兒無法找出問題，老師提問：「有些地方還是有很大的洞，這樣安全嗎？要怎麼樣才能防止小朋友掉下去？」、「我發現你們的繩子一碰就會移動位置，這樣安全嗎？是什麼原因繩子會一直移動？要怎麼做繩子才會固定，不會一直移動？」 5. 接著老師帶領幼兒一起上網搜尋安全繩網的資料，讓幼兒與自己的作品比較異同（網上有在扶杆支柱處拉緊綁定與打結、規律性圍繞），然後鼓勵幼兒根據發現嘗試修改。 6. 過程中提醒幼兒用繩子圍繞著樓梯的扶杆支柱要展現美感。 7. 請幼兒最後確認所做圍網足以防止跌落後，一起欣賞與比較不同組別的作品，最後提醒幼兒收拾整潔。
調整或延伸：
1. 若無平板電腦可搜尋圖片，教師可以針對繩子無法固定於支柱上的問題，示範有規律性的圍繞與在扶杆支柱上綁定打結，讓幼兒觀察與比較老師的作品與他的有何不同？以期做出「規律性圍繞的美感表現與打結、綁定能使圍網固定於支柱」的結論。 2. 本活動結束一段時間後，可提供不同顏色的粗尼龍繩，挑戰幼兒在不同支柱的空間中變換顏色，製造和諧的配色效果；或使用不同材質如麻繩、棉線等讓幼兒比較不同材質圍網的堅固性。

表 5-1-7　STEM 探究活動「我會做安全圍網！」之 STEAM 要素分析

涉及領域	活動之 STEAM 分析
S（科學）	• 體驗密度與力度（圍繞、拉緊綁定與打結）、面積比較（縫隙與身體） • 運用科學程序能力（觀察、比較、查資料、推論、驗證、溝通等）
T（技術）	• 使用平板電腦搜尋資料 • 運用製作技法：圍繞、打結、綁定技術（密度與力度） • 運用人類智慧產物：粗尼龍繩
E（工程）	• 一面製作、一面探究與調整修正，做出一個高密度圍繞且堅固可以防止跌落的安全圍網
A（人文藝術）	• 圍繞出具有美感（規律性、對稱等）的安全圍網 • 以行動體現對幼幼班弟妹的關愛 • 體現合作解決問題的情意面向
M（數學）	• 計算：繩子長度、結綁數、繞圈數、規律圍繞次數 • 空間推理與運用：比較空隙面積與身體面積、在一定空間中圍繞出高密度且堅固的圍網 • 型式：呈現規律性圍繞與結綁

2. 如何搭建繩索小屋？

表 5-1-8　STEM 探究活動「如何搭建繩索小屋？」之設計示例

活動名稱：如何搭建繩索小屋？
遊戲目標：引發好奇與探究行動、培養解決問題能力、體驗平衡（三角鼎立穩固結構）、密度與力度（圍繞、拉緊綁定與打結）
準備材料：尼龍繩一捆、幼兒園戶外處、三根竹竿
進行步驟：
1. 老師引起動機：「幼幼班的小朋友說想要在戶外搭建一個小屋子玩，你們可以幫忙嗎？」、「要怎麼做呢？你們有露營過或看過野外居住的影片嗎？」讓幼兒思考提出如何搭建小屋子的方法（如：用布料與樹枝搭帳棚、用泥塊與枯枝蓋土屋、用石頭和樹枝建堡壘等）。
2. 老師拿出預先準備的材料說：「如果我們想幫助幼幼班的弟妹們，但是只有粗尼龍繩和三根竹竿要怎麼搭建小屋呢？」接著先聚焦在「三根竹竿要怎麼擺才能變成屋子的形狀？」讓幼兒思考、提出方法並動手嘗試。
3. 若幼兒將三根竹竿交叉於頂綁在一起成三角鼎立狀立於地面，老師提問：「若人要進去小屋，要如何讓它站得穩固不被碰倒？」引導幼兒思考解決問題（例如：將竹竿插入泥土裡、綁石頭在下面）。若插入泥土後屋子仍不平衡，老師提問：「竹竿要怎麼插入土中屋子才能平衡？」引導幼兒解決問題（例如以等距方式將竹竿插入泥土）。
4. 老師繼續提問：「屋子由什麼部分組成？」或「屋子能擋風遮雨是因為它有什麼？」引導幼兒意識屋子的結構（門、牆壁、屋頂）。「但我們今天只有繩子可以怎麼做呢？」讓幼兒思考並體驗圍繞、拉緊綁定與打結繩子的技術，且提醒幼兒圍繞繩子要展現美感。
5. 若幼兒僅圍繞繩子未於竹竿處打結固定，致使繩子滑動；或是因過度拉緊繩子，致使屋子縮小或結構不平衡，引導幼兒思考並解決問題：「比較你圍繞竹竿的方式跟別人的方式有什麼不一樣？」、「為什麼圍繞繩子的時候，繩子會一直跑上去？什麼原因？怎麼辦？」、「為什麼房子歪了不平衡？怎麼辦？」
6. 完成後讓幼兒一起進入小屋並分享製作心得，且囑咐幼兒一起收拾。
調整或延伸：
1. 當幼兒成功搭建小屋獲得成就感一段時間後，教師可挑戰幼兒：小屋牆壁不夠密實無法擋風遮雨，要怎麼補救解決問題？或是小屋的牆壁不夠具有美感，也不太穩固，引導幼兒探究其他圍繞編織法以解決問題，如每根竹竿先做 S 形纏繞後再編圍等。
2. 也可提供其他不同素材讓幼兒嘗試並比較不同材質之堅固性，如布條、布塊、麻繩、垃圾袋等。

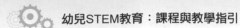

表 5-1-9　STEM 探究活動「如何搭建繩索小屋？」之 STEAM 要素分析

涉及領域	活動之 STEAM 分析
S（科學）	• 體驗平衡（三角鼎立穩固結構）、密度與力度（圍繞、拉緊綁定與打結） • 運用科學程序能力（觀察、比較、推論、驗證、溝通等）
T（技術）	• 運用搭建技法：圍繞、拉緊綁定與打結（密度與力度）、平衡搭建、等距測量等 • 運用人類智慧產物：粗尼龍繩
E（工程）	• 一面製作、一面探究與調修小屋的結構，做出一個可以遊戲的平衡穩固繩索小屋
A（人文藝術）	• 圍繞出具有美感（規律性、對稱等）的繩索小屋 • 以行動展現對幼幼班弟妹的關愛 • 體現合作解決問題的情意面向
M（數學）	• 計算：繩子長度、結綁數、繞圈數 • 測量：竹竿的距離、門的大小 • 型式：呈現規律性圍繞與結綁 • 空間：三角錐體（三角鼎立）空間

三、「一紙神功」主題

（一）選定「主題概念網絡活動圖」中擬進行的 STEM 探究問題

　　STEM 教育第一個課程設計步驟為「選定問題與設計」。圖 5-1-3. 為「一紙神功」主題探究課程之主題概念網絡活動圖及所選定的幾個擬探討問題（以紅色小三角形標示）：「我是機器人！」、「如何製作卷軸故事架？」、「萬聖節派對」、「紙偶戲開演！」、「如何製作立體書？」、「創意紙籮籃！」。而以上幾個問題或挑戰有的源自生活中問題如「創意紙籮籃！」、「如何製作立體書？」、「如何製作卷軸故事架？」（以假想情境傳遞問題）；有的源自遊戲中問題如「紙偶戲開演！」、「萬聖節派對」、「我是機器人！」（以假想情境傳遞問題），均具有濃厚的 STEM 元素，而且基於經驗，幼兒應該也會感到興趣。其實此主題下可進行的 STEM 探究活動很多，教師宜視幼兒興趣及狀況、主題時間長短與教師自身知能等，整體考量以選擇合宜的挑戰或問題，設計強調探究性並以製作物解決問題的 STEM 探究活動。

（二）STEM 探究活動設計示例及其 STEAM 要素分析與調整

　　限於篇幅，此處只選擇「我是機器人！」與「如何製作卷軸故事架？」兩個 STEM 探究活動，呈現第一個設計步驟與第三個設計步驟，即活動內容設計及其 STEAM 要素分析與調整，以供讀者參閱，至於第二個步驟則請教師自行探究問題內涵，以利教學施行。

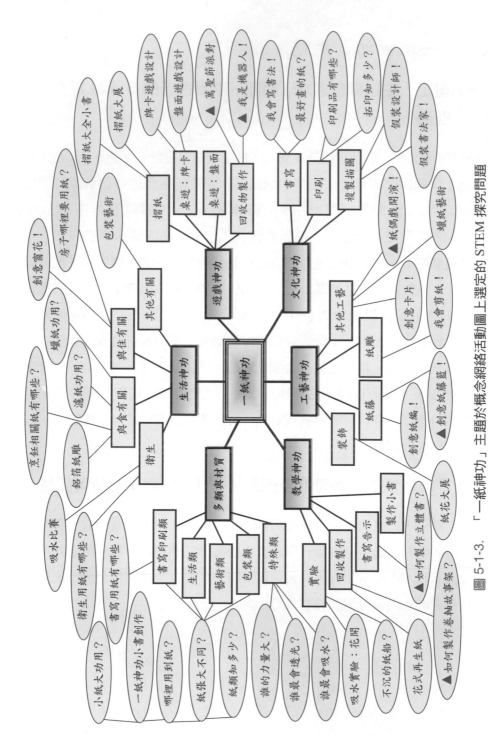

圖 5-1-3.　「一紙神功」主題於概念網絡活動圖上選定的 STEM 探究問題

1. 我是機器人！

表 5-1-10　STEM 探究活動「我是機器人！」之設計示例

活動名稱：我是機器人！
遊戲目標：引發好奇與探究行動、培養解決問題能力、體驗平衡穩固結構、空間與面積推理
準備材料：各種大小的紙箱、剪刀、美工刀、白膠、雙面膠、熱熔膠、鋁箔紙、回收物等
進行步驟： 1. 老師說：「昨天我看到小朋友在積木區扮演機器戰警、機器人，正好園裡要舉辦大慶生活動，我們可以把自己打扮成機器人喔！」 2. 接著問幼兒機器人長得怎麼樣？從哪裡可知道？與幼兒一起搜尋平板上的影片與圖片，並請幼兒仔細觀察它的特徵是什麼？與人類有何異同？ 3. 老師拿出紙箱與相關工具問幼兒說：「我們教室裡有好多回收的紙箱，紙箱可以做什麼？」讓幼兒創意發表。如果幼兒未提及機器人，老師說：「我們也可以用紙箱把自己裝扮變成機器人啊！那要怎麼做呢？怎麼用紙箱製作很平衡、穩固且很方便行動的機器人？」 4. 請幼兒先畫設計圖，然後讓幼兒開始動手製作，並且提示幼兒：「要把自己裝扮成機器人，可以直接把紙箱全部黏起來嗎？為什麼？」、「怎麼做才能方便穿戴？」、「如何用紙箱分別做機器人的頭部？身體軀幹部位？與手、腳的部位呢？」 5. 在過程中視幼兒表現引導其思考與解決各種問題，例如：「紙箱尺寸大小與身體部位不符合無法套進身體時，該怎麼辦？要怎麼把紙箱變成可以穿在身上？」、「要如何把紙箱上剪下的紙片做成可套入我們身體部位的機器人結構？」、「鋁箔紙要剪多大？」等。 6. 完成後讓幼兒試穿機器人穿戴裝置，請幼兒比較所製作的機器人與圖片中的機器人有何不同？下次可以如何改進？ 7. 最後囑咐幼兒收拾整潔，將機器人穿戴裝置放在團討區引發其他幼兒製作興趣。
調整或延伸： 1. 裁切紙箱時須注意安全。 2. 可挑戰幼兒：如何讓手與腳的部位有能自由彎曲的關節，且不會脫落？如何讓眼睛可看使身軀得以自由無礙地移動？

表 5-1-11　STEM 探究活動「我是機器人！」之 STEAM 要素分析

涉及領域	活動之 STEAM 分析
S（科學）	• 體驗平衡穩固結構、空間與面積推理 • 運用科學程序能力（觀察、查資料、比較、推論、驗證、溝通等）
T（技術）	• 使用平板電腦搜尋資料、繪畫設計圖 • 運用製作技法：裁剪、連接、膠黏、測量、裝飾、建構等 • 運用人類智慧產物：紙箱、鋁箔紙、雙面膠、熱熔槍等
E（工程）	• 實際製作機器人的過程中要設計、裁剪、連接、膠黏、裝飾、調修，並做空間與面積推理，使整體結構穿戴起來顯現平衡感且方便行動
A（人文藝術）	• 表現整體機器人的造型、美感與創意 • 繪畫設計圖 • 體現合作解決問題的情意面向
M（數學）	• 計數：包覆手、腳部位的紙板片數 • 測量：各部位穿戴裝置與人體部位的長寬度 • 空間面積與推理：紙箱空間、紙片面積可否容納身體各部位

2. 如何製作卷軸故事架？

表 5-1-12　STEM 探究活動「如何製作卷軸故事架？」之設計示例

活動名稱：如何製作卷軸故事架？
遊戲目標：引發好奇與探究行動、培養解決問題能力、體驗轉軸原理
準備材料：扁紙箱、空心水管或硬紙捲筒兩個、剪刀、美工刀、雙面膠、膠帶、尺等
進行步驟： 1. 老師說：「上次園遊會老師看到有人展示卷軸故事架，可以一面說故事，一面把故事情節連續地捲出來，我覺得你們很棒，都是小小工程師，請你們幫班上做一個卷軸故事架！」 2. 告訴幼兒要先研究一下卷軸故事架，然後引導幼兒從平板電腦上找出卷軸故事架的影片與圖片，請幼兒仔細觀察。 3. 接著老師說：「大家想一想生活中有什麼東西像這樣可以把紙捲起來？」當幼兒說出衛生紙、廚房紙巾、保鮮膜時，問幼兒：「它裡面有什麼東西可以把紙張捲出來？」當幼兒說出長長的捲筒或棍子時，教師接著說：「我們今天就是要運用捲筒的轉動，做出外型好像電視機的卷軸故事架喔！」 4. 在確認幼兒了解卷軸故事架包含卷軸、背景圖片、螢幕框架三大部分後，請幼兒先畫設計圖。 5. 然後發下紙箱、水管或捲筒等材料與工具，教師請幼兒先確認紙箱尺寸與圖畫紙大小後，引導幼兒依序製作或是分工製作，例如黏接繪好的圖畫紙、在紙箱上下挖洞插入水管卷軸、在紙箱上挖出螢幕開口、將圖畫紙黏在捲筒上等。 6. 過程中再度請幼兒仔細觀察平板上的卷軸故事架圖片，並引導幼兒思考與解決問題，例如：「卷軸故事架是如何能連續地捲出背景圖畫來？」、「這些圖畫要怎麼安裝在捲筒上？」（提示捲筒與圖畫紙的關係）「拉開的卷軸圖片是在電視機體的哪一個部位？」、「螢幕要開在紙箱的哪裡？」（提示卷軸與螢幕的空間關係）等。 7. 機體製作完成後，請幼兒思考如電視機的卷軸故事架還有什麼零件或裝飾？將作品與平板上的卷軸故事架圖片比較有何異同？ 8. 整體完工後，讓幼兒實際使用卷軸故事架，享受說故事時有背景圖片捲出的效果，並討論還有什麼可改進之處？最後叮嚀幼兒要收拾乾淨。
調整或延伸： 1. 在使用工具時要注意安全及輪流等待，使用美工刀時要在教師旁使用，桌面上要墊切割墊。 2. 這個活動可能要分二或三次時段才能完工，如先繪製卷軸的圖畫，再將卷軸安裝於機體，最後裝飾機體。 3. 當完工後一段時間後，挑戰幼兒做出機體有旋轉把手更便利操作的卷軸故事架。

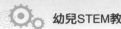

表 5-1-13　STEM 探究活動「如何製作卷軸故事架？」之 STEAM 要素分析

涉及領域	活動之 STEAM 分析
S（科學）	• 體驗轉軸原理 • 運用科學程序能力（觀察、查資料、比較、推論、驗證、溝通等）
T（技術）	• 運用平板電腦搜尋資料、繪畫設計圖 • 運用製作技法：切割、裁剪、黏接、鑽挖、捲繞、測量等 • 運用人類智慧產物：紙箱、空心水管或硬紙捲筒、美工刀等
E（工程）	• 一面製作、一面探究與調整修正，做出一個可以捲出故事背景圖片的卷軸故事架
A（人文藝術）	• 「對稱」安裝卷軸、裝飾卷軸故事架使具美感 • 繪畫卷軸的畫紙（故事情境） • 繪畫設計圖 • 體現合作解決問題的情意面向
M（數學）	• 測量：圖畫紙、水管轉軸、紙箱機體、紙箱螢幕的長寬高 • 空間推理：在機體上推理螢幕位置、將卷軸機制合宜地置入紙箱機體空間內

四、後記

　　以上三個主題脈絡下的六個 STEM 探究活動均是遵從課程設計三步驟原則而設計的——選定問題與設計、探究問題內涵（本章旨在呈現強調探究性並以製作物解決問題的活動內容設計，所以略過）、分析 STEAM 要素與調整。省思這六個活動稍微不足的是，在材料的提供上確實有些受限，因為一方面考量這些活動具研究試行作用，不想造成園方額外準備材料的困擾，一方面也顧及研究生赴幼兒園試行之攜帶便利性，無法為幼兒準備多元豐富的材料。不過工程活動的性質本就是在既有的限制下選擇合宜的方案，以完成條件要求，重要的是，這些活動內涵大體上均符合幼兒 STEM 教育之課程設計三要素的要求，尤其在目標方面足以引發好奇與探究行動，並可培養幼兒解決問題能力。

　　以「懷舊的中華文化」主題下的「如何製作舞龍？」STEM 探究活動為例，說明如何符合課程設計三要素。有如表 5-1-3 STEAM 要素分析所顯示，在教學目標要素著重培養解決問題能力、引發好奇與探究行動。再從教學內容要素言，舞龍是農曆春節常見的活動，是華人生活的重要部分，因此活動內容也符合生活化的設計；而且自己組裝材料製作成可舞動的龍，確實對幼兒是有趣的；又從STEAM分析表明顯可見是涉及S、T、E、A、M跨領域統整的設計。再就教學方法要素言，是個小組活動設計，而且在活動中幼兒有許多機會運用探究能力，例如觀察舞龍影片與圖片、搜尋電腦資料、推論原因與以行動驗證等，這部分有如第六章第四節實施實例中之專門探討—幼兒反應所載。總之，這些 STEM 探究活動的設計顯然強調探究力的運用並產生製作物以解決問題或克服挑戰，無論是在教學目標、教學內容或教學方法的擬定上，大體上均符合 STEM 教育之課程設計三要素原則。

第二節　以繪本情境設計幼兒 STEM 探究活動示例

　　上節呈現主題脈絡下 STEM 探究活動的設計，其問題或挑戰來自生活、遊戲、繪本或假想情境，本節則專門以繪本情境來設計幼兒 STEM 探究活動。繪本故事中的待解決問題或可運用的挑戰情境是鑲嵌於故事情境的，它有文圖並茂的情境脈絡使幼兒易於投入設法代為解決或接受挑戰，是很方便上手與運用的幼兒 STEM 教育資源及切入點。因此教師可善用此一資源預思 STEM 課程或活動。本節首先介紹一些可資運用於幼兒 STEM 課程的坊間繪本，其次提供 STEM 探究活動設計實務，以供讀者參考。

一、坊間繪本資源與其可運用問題或挑戰

　　運用繪本情境設計 STEM 探究課程可以是個別的 STEM 探究活動，也可以延伸成主題式 STEM 探究課程，即以主題脈絡來整合各探究性活動。基本上繪本情境可以用來提供待解決的問題或挑戰給幼兒，它可能有不同情況，第一種情況是「問題同一」，但解決問題的方法或形式多元——例如《金髮女孩和三隻熊》繪本（請見表 5-2-1 之第 6 本），同樣是幫小熊製作椅子以替換壞掉椅子的挑戰，可以是製作一張與原壞掉椅子同樣外型的椅子，也可以是製作一張具有創意外型的椅子，當然也可以是製作一張讓小熊開心的搖搖椅。另一種情況是「問題多元」，即一本繪本中有多個挑戰或需待解決問題——例如《小小火車向前跑》繪本（請見表 5-2-1 之第 11 本），可以讓幼兒挑戰為火車經過西瓜田而蓋高架橋，也可以挑戰為火車經過高山而蓋旋轉橋或螺旋橋等。還有一種情況是問題同一，但問題太大，可將其拆為幾個小問題——例如英文繪本《如果我建一棟房子》（*If I Built a House*）繪本（請見表 5-2-1 之第 9 本），房子有不同的組成部分如房間、客廳、浴室、廚房，可以讓幼兒挑戰房間的創意設計，也可以是挑戰客廳或浴室的另類設計；甚至可以搭配「假想情境」提出挑戰或問題給幼兒——例如《金髮女孩和三隻

熊》繪本中，「熊爸爸想幫小熊在屋外樹下做一個鞦韆讓小熊玩」，請幼兒
幫忙解決，就是假想情境。

　　其實繪本種類很多，教師可自行找尋合適的繪本，設計 STEM 探究活動
或主題課程。表 5-2-1 是可資運用的一些坊間繪本，基本上所提出的挑戰或
問題都可以讓幼兒運用工程程序與探究能力去面對或解決，但可運用的問題
或挑戰不限於表中所列，教師可以視幼兒的特質與狀況、教室的資源等調整
問題或假想延伸。其中除最後一本英文繪本外，在臺灣均可以購獲，這些繪
平均對 STEM 教育很有啟發，例如《如果我建一棟房子》中的男孩想像力十
足，把整個家的外型與內部設計得非常另類，其問題或挑戰足以激發幼兒運
用創意於 STEM 作品上，若搭配描繪以創意建築外型掛帥的女建築師故事的
《世界不是方盒子》，就非常完美；《最非凡的東西》（*The Most Magnificent
Thing*） 充分描繪一位小女孩如何歷經工程製作程序，最後產生非常棒的
STEM 作品──可載狗的滑板車的歷程，可激發幼兒鍥而不捨地探索與解決
問題。

表 5-2-1　坊間相關繪本與其可運用問題或挑戰

繪本名稱	故事情境	可運用之問題或挑戰
1. 不是箱子（譯）	有一隻兔子充滿想像力，把一個方形箱子當成是各種東西，如比賽的跑車、登頂兔峰的兔子、任意操作的機器人，甚至是太空船等，並持續強調它不是一個箱子，讓四邊形線條有無窮的想像空間。	1. 假如你是那隻兔子，你可以把那個箱子「做成」各種不同的東西嗎？ 2. 如果你是那隻兔子，你可以把那個箱子與別的東西「組合成」另一個東西嗎？
2. 怕浪費的奶奶（譯）	有一位奶奶非常節省，很怕浪費，任何東西都不願丟棄，皆認為可以再利用，即使是橘子皮、揉成團的廢紙也好，甚至是他人吃剩的飯粒，也往自己嘴裡送，而且很喜歡嘮叨：「真是浪費呀！」。	1. 響應奶奶不浪費東西，你可以運用今天喝完的牛奶瓶，做成有用的東西嗎？ 2. 響應奶奶不浪費東西，你可以運用回收箱裡的素材，做成有用的東西嗎？

（續下頁）

表 5-2-1 坊間相關繪本與其可運用問題或挑戰（續）

繪本名稱	故事情境	可運用之問題或挑戰
3. 天外飛來的訪客（譯）	阿麗生性害怕很少出門，某天一架紙飛機從窗戶飛進她的世界，嚇壞的她雖然燒毀了這個外來的物體，卻一直心感不安。後來一位天真無邪的小男孩登門索取，阿麗從不知所措轉變到敞開心門與他相處。	1. 書中小男孩的紙飛機被燒毀了，你可以幫他再做一架同樣的紙飛機並蓋機場嗎？ 2. 書中小男孩的紙飛機被燒毀了，你可以再做兩架不同外形的紙飛機一起玩嗎？
4. 吉布的小汽車（譯）	住在非洲的吉布是黃土沙漠裡的牧羊小孩，喜歡用垃圾回收物如寶特瓶等做成小汽車。後來巧遇來自西方社會與家人開車來非洲度假的大衛，兩人都喜歡小汽車，共同譜出一段溫馨的故事。	1. 假如你是吉布，除了做小車子外，還可以用寶特瓶做什麼好玩的玩具？ 2. 你會用其他回收物製作一部小車子嗎？（或其他回收物還可以做成什麼東西？）
5. 長髮公主（譯）	長髮公主被巫婆禁錮在高塔上，女巫每天都要公主把頭髮放下讓她當成繩子往上爬，並威脅公主不能離開高塔，否則會受到詛咒。但是她還是運用長髮與在朋友的幫助下聰明地跑出去了，不再受巫婆控制。	1. 如果你是在塔外，要如何幫助長髮公主逃出塔（如用繩子、樹藤、木條等物做成梯子）？ 2. 如果你是長髮公主，除了運用長髮外，還有什麼方法可以逃出去？請思考並做出。
6. 金髮女孩和三隻熊（譯）	熊家三位一早出去散步，金髮女孩進入家中，先吃了小熊的粥，發現小椅子最舒服坐了下去，但咯噹一聲小椅子散架了，最後睡著在樓上的小床。結果熊家回來發現椅子壞了，也發現了她，她遂倉皇逃出。	1. 你可以為小熊製作一把同樣外型的椅子，以替換壞掉的椅子嗎？ 2. 你可以為小熊製作一把具有創意外型的椅子，以替換壞掉的椅子嗎？
7. 一個愛建築的男孩（譯）	小男孩 Iggy Peck 從兩歲起就很喜歡建築，如用髒尿布堆疊高塔、粉筆蓋城堡等，但老師禁止他在課堂上蓋東西。後來全班到小島野餐時橋垮了，老師昏了，他就用樹枝與鞋帶等搭蓋一座吊橋，解救全班。	1. 假如你是喜歡建築的小 Iggy，你可以用粗樹枝與繩子等搭建吊橋解救全班嗎？ 2. 假如你是 Iggy 小小建築師，你可以用手邊各種材料搭建一座漂亮的房子嗎？

（續下頁）

表 5-2-1　坊間相關繪本與其可運用問題或挑戰（續）

繪本名稱	故事情境	可運用之問題或挑戰
8. 世界不是方盒子（譯）	第一位獲得普立茲建築獎殊榮的女性——伊拉克女孩札哈·哈蒂，從小看見家鄉河流、沼澤、沙丘的美，遂以大自然為素材，設計與眾不同的奇特建築，初始不被認同，日以繼夜工作後，終於獲得世界青睞。	1. 想像你是一個建築師，想建造一棟房子，你會蓋什麼獨特造型的創意房子？ 2. 想像你是一個建築師，請你幫幼兒園蓋一個最好玩的戶外遊戲場，你會怎麼蓋？
9. 如果我建一棟房子（譯）	小男孩對他媽說，如果我蓋一房子，一定跟看起來很無聊的方型房子不同。我設計的房子在廚房有機器人幫你烹煮與清理；在浴室洗澡只要站在一條輸送帶上，就完全幫你洗淨；臥室像圓球高高地座落在一個塔上，四周圍繞著玻璃……	1. 如果你建造一棟房子，會是什麼創意的內部設計呢？ 2. 如果你建造一棟房子，你的客廳會做怎樣的設計呢？ 3. 如果你建造一棟房子，你的房子整體外觀會做怎樣的設計呢？請你搭建出來。
10. 三隻山羊嘎啦嘎拉（譯）	有二隻山羊想到山上對岸的草原吃青草，但是山谷橋下住著一隻大怪獸，較小的兩隻山羊過橋時，都對怪獸說有一隻更大的山羊會來，大妖怪就放走了牠們。最後大山羊過橋時強勢霸氣地將大妖怪打敗，三隻山羊就在草原上享受綠草。	1. 你可以幫三隻山羊再蓋一座橋通往對岸草原，讓他們不用受到怪獸的威嚇嗎？ 2. 你可以再蓋一座與原來不同材質或形式的橋嗎？如拱橋或吊橋嗎？請你搭蓋出來。
11. 小小火車向前跑（譯）	轟隆轟隆小小火車往前行，經過各種困難都　地解決，像遇到一群鴨子就蓋座平交道，遇到人群就蓋車站，遇到西瓜田就蓋高橋從上頭過，遇到高山就蓋旋轉橋，遇到深谷就蓋雲霄飛車等。	1. 如果小小火車要穿過高山，你可以幫它蓋一個旋轉橋嗎？ 2. 如果小小火車要經過西瓜田，你可以幫它蓋一座高架橋嗎？
12. 和甘伯伯去遊河（譯）	住在河邊的甘伯伯有一艘木船，有一天它撐著船去遊河，兩個小孩、兔、貓、狗、豬、羊、雞、牛等也陸續上船。後來遊客忘了守秩序，結果翻船了大家都跌進水裡。游到岸邊後，甘伯伯請大家到家中喝茶，並邀約下次再度遊河。	1. 你可以幫甘伯伯做一艘不會沉的船，讓所有的動物都可以坐上去嗎？ 2. 你可以幫甘伯伯做一艘不同材質與樣式的船，讓所有動物都可以坐上去嗎？

（續下頁）

表 5-2-1　坊間相關繪本與其可運用問題或挑戰（續）

繪本名稱	故事情境	可運用之問題或挑戰
13.小布修東西（譯）	奴奴與小布開家修補店，客人陸續帶來壞掉的腳踏車、躺椅、擀麵棍、燙衣板、排水管等請幫忙修理，但大家來取回東西時都發覺變了樣，如腳踏車變單輪車、躺椅變手推車、擀麵棍與燙衣板變滑板車、排水管變花盆等。	1.如果你是小布，你還可以把水管做成其他什麼東西？ 2.如果你是小布，你還可以把躺椅做成其他什麼東西？ 3.如果你是小布，你還可以把腳踏車作成其他什麼東西？
14.The Most Magnificent Thing（最非凡的東西）	有位小女孩有個夢想：想做一個全世界最非凡的東西，於是開始計畫、蒐集材料與製作，但是一直調整、研究、又再試，還是失敗，幾乎放棄。在散步後重新檢視失敗作品，找到每個作品的優點，最後產生新的點子，終於完成心中最棒的東西　　可載狗的滑板車。	1.你能像小女孩一樣鍥而不捨地創新發明一個很棒很實用的東西嗎？請你發明出來。 2.你能像小女孩一樣鍥而不捨地創新發明一個寵物可以用的東西嗎？請你設計發明。

二、以繪本情境設計 STEM 探究活動示例

　　此處以《金髮女孩和三隻熊》、《三隻山羊嘎啦嘎拉》兩本繪本為例，說明如何運用繪本情境於 STEM 探究活動的設計，將依第四章所示之三步驟設計程序而說明——選定問題與設計、教師探究問題內涵、分析 STEAM 要素與調整。因本章第一節已充分展現六個 STEM 探究活動的設計內涵，所以本節主要在呈現其他步驟設計實務，至於活動內容的設計在此省略，大家在設計時只要抓住重點即可——讓幼兒運用探究力並以製作物解決問題。

（一）金髮女孩和三隻熊

　　首先第一個步驟是選定問題與設計（此處省略設計），小熊的靠背四腳椅子被金髮女孩坐壞了，椅子的形式很多，所以幫小熊製作椅子的挑戰問題必須選定是製作哪一種形式或功能的椅子，如果選定的是創意的椅子（圖5-2-1.），就是讓幼兒自行製作具有獨特造型或特殊功能的創意椅子。其實此

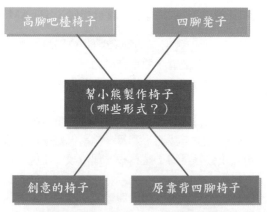

圖 5-2-1.　《金髮女孩和三隻熊》繪本情境之設計步驟：選定問題

時教師就可探究創意椅子的內涵，或待設計完 STEM 探究活動後再深入探究
（圖 5-2-2.），完全視教師自身對於椅子知能之熟稔程度，以便在教學互動
時能更有信心面對幼兒，並能先行準備幼兒探究的舞臺。繼而則分析 STEAM
要素並做適當調整（表 5-2-2），也可在教師探究問題內涵後分析與調整。

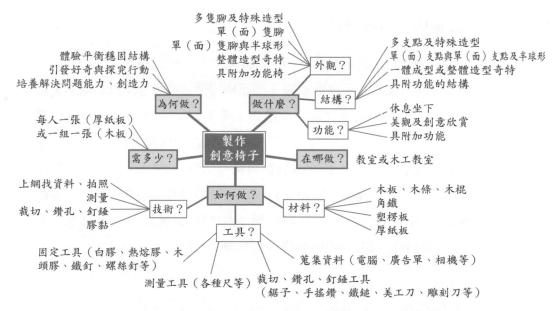

圖 5-2-2.　《金髮女孩和三隻熊》繪本情境之設計步驟：教師探究問題內涵

表 5-2-2　《金髮女孩和三隻熊》繪本情境之設計步驟：STEAM 分析與調整

涉及領域	活動之 STEAM 分析
S（科學）	• 體驗平衡穩固結構、簡單結構力學（承重） • 運用科學程序能力（觀察、搜尋資料、比較、推論、驗證、溝通等）
T（技術）	• 使用平板電腦搜尋資料、相機記錄、畫設計圖等 • 運用製作技法：裁切、測量、刨削、釘捶、膠黏、鑽孔、旋轉等 • 運用人類智慧產物：塑楞板、厚紙板、木板、木棍、熱熔槍、木頭膠、尺等
E（工程）	• 設計、製作可承重、穩固與創意的椅子，不穩固或創意不足則再調整優化
A（人文藝術）	• 表現椅子的整體創意造形與美感（色彩、對稱、型式等） • 展現幫助小熊的關愛情懷
M（數學）	• 計數：椅腳數量、固定工具數量（如釘子、螺絲釘）等 • 測量：椅面、椅腳、椅背、扶手等 • 幾何與空間：椅面與椅背的形狀、椅子整體幾何造型、整體空間運用

（二）三隻山羊嘎啦嘎拉

　　首先第一個步驟是選定問題與設計（此處省略），此繪本的挑戰問題是幫山羊另蓋一座橋使其不受怪獸威嚇，然而橋的形式很多，所以必須選定是製作哪一種形式的橋，如果選定的是吊橋（圖 5-2-3.），就是讓幼兒進行探索與製作懸索橋（吊橋）的 STEM 探究活動。其實此時教師就可先行探究吊橋內涵，或待設計完 STEM 探究活動後再探究（圖 5-2-4.），完全視教師自身對於吊橋知能之充足程度，以便在教學互動時能更有信心面對幼兒，並能先行準備幼兒探究的舞臺。繼而則分析 STEAM 要素並做適當調整（表 5-2-3），也可在教師探究問題內涵後分析與調整。

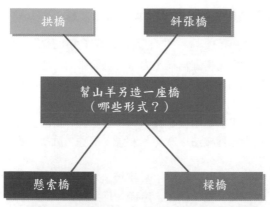

圖 5-2-3. 《三隻山羊嘎啦嘎啦》繪本情境之設計步驟：選定問題

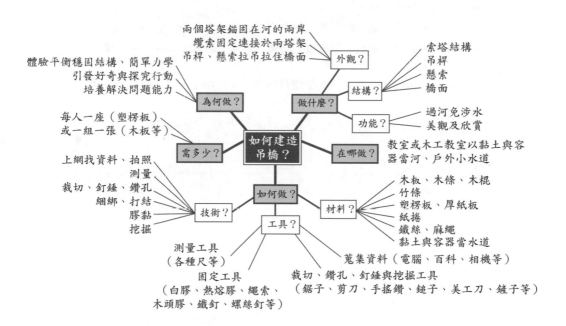

圖 5-2-4. 《三隻山羊嘎啦嘎啦》繪本情境之設計步驟：教師探究問題內涵

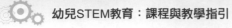

表 5-2-3　《三隻山羊嘎啦嘎啦》繪本情境之設計步驟：STEAM 分析與調整

涉及領域	活動之 STEAM 分析
S（科學）	• 體驗平衡穩固結構、力學（懸索張力、塔架壓力） • 運用科學程序能力（觀察、搜尋資料、比較、推論、驗證、記錄等）
T（技術）	• 使用平板電腦搜尋資料、相機記錄、畫設計圖等 • 運用搭建技法：裁切、測量、釘捶、綑綁、打結、鑽孔、挖掘、刨削等 • 運用人類智慧產物：塑楞板、木板、處理過的竹枝、熱熔槍、尺、手搖鑽孔器、鋸子、麻繩、鐵絲等
E（工程）	• 繪畫設計圖、製作可於上行走的穩固吊橋、結構不穩則設法再改良精進
A（人文藝術）	• 呈現吊橋的整體造型（索塔、吊桿、懸索、橋面）與美感（對稱、型式、顏色等） • 展現幫助山羊使其不被怪獸威嚇的關愛情懷
M（數學）	• 計數：木板、厚紙板、紙捲、竹條、麻繩（吊桿）等數量 • 測量：繩子、吊桿、木板、厚紙板、竹條等長寬度 • 幾何與空間：吊橋整體幾何造型（索塔、吊桿、懸索、橋面）與這些結構在空間中的推理運用

第六章

幼兒 STEM 教育之課程實施實例

本章旨在呈現幼兒 STEM 教育之課程實施實例，包含第一節到第三節的三個 STEM 探究主題中的部分課程，分別為「水的樂園」之「水道工程師」、「米粉達人」之「我的米粉工廠」、「薰衣草的工作室」之「水通過的摩天輪」。這些課程是大庄國小附幼李如瀅主任班上所實施過基於主題探究課程之 STEM 探究課程，由其主筆並在研究者審修下呈現，其中前兩個課程曾獲得教育部教學卓越金質獎，第三個課程則是 2019 年秋季剛進行過的。第一個課程「水的樂園」是基於如瀅的碩士論文行動研究，當時在主題探究課程基礎上就已經將 STEM 精神帶入，其後則持續耕耘於幼兒 STEM 課程。在這三節中不僅有詳細的課程紀實，而且也有教學省思，從幼兒與教師面向檢視實施狀況與結果，呼應本書第四章之課程設計與實施各項原則；此外亦提出實施困難與解決策略，以供有心實施教師之參照或借鏡。

為鼓勵意欲實施者從較為簡易的 STEM 探究活動切入嘗試，第四節有別於以上三節，旨在呈現 STEM 探究活動紀實，這些活動是由研究生共同設計，在研究者審定後到大庄附幼試行，即第五章第一節六個 STEM 探究活動。首先聲明的是，為了呈現 STEM 課程整體設計原則，這些活動雖然是以主題脈絡來統整設計，但是並非是在幼兒園班上原本實施的主題情境脈絡下

設計與實施。在此特別要感謝大庄附幼的配合。研究者一向主張漸進實施課程轉型或創新，考量教師經驗與信心等各項因素，建議有意嘗試者由一星期一、兩個 STEM 探究活動做起，逐漸進階到主題式 STEM 探究課程的實施（即以一個主題脈絡來統整所有探究活動，有如本章第一節到第三節）。第四節即是這六個 STEM 探究活動的實施紀實，乃由研究者基於研究生蒐集之多元試教資料（錄影、相片、教學紀實、省思等），在研討後而撰寫，內容包含從幼兒、教師與師生互動層面檢視實施狀況與結果，亦可提供感興趣試行者之參照。

第一節　STEM 探究主題——水的樂園

「水道工程師」課程紀實

本節旨在敘述在「水的樂園」主題情境脈絡下的 STEM 探究課程「水道工程師」的完整課程實施狀況，含主題課程緣起、主題概念網絡活動圖、課程發展脈絡、課程紀實、課程實施結果與教學省思、課程實施中的困難與解決策略，期望對現場教師有所裨益。

做水道小船比賽歌

做水道，用積木，還要加上塑膠袋，

塑膠袋，沒黏好，水跑到外面去。

破掉的地方黏起來，把水打開試試看，

成功了，放小船，小船來比賽。

（取自：幼兒改編兒歌）

一、主題課程緣起

主題探究課程——「水的樂園」是一個與生活有高度密切關係且不可或缺的元素，例如：身體會製造出汗水、淚水、尿液……等等，海邊有水、馬桶裡有水，水龍頭、飲水機打開就有水，洗頭、洗澡、洗手、洗菜、洗米、澆花、洗衣服、口渴……用到水的時候還真多！透過與幼兒進行初步的討論，了解到生活中觸及哪些與水相關的經驗，從生活經驗延伸幼兒有興趣的主題活動。

二、主題概念網絡活動圖

在主題探究課程備課階段，老師們尋找有關水的相關資料，初步定調課程發展的方向、設計可能的活動，並納入幼兒的想法與興趣，繪製主題概念網絡活動圖（圖 6-1-1.）。圖中以紅色小三角形標示出的就是幼兒頗感興趣且富 STEM 要素的本節呈現重點「水道工程師」課程。

三、課程發展脈絡

主題探究課程——「水的樂園」進行為期四個月（課程實施起迄期：2016 年 3 月至 2016 年 6 月），其發展脈絡乃來自於主題概念網絡活動圖（圖 6-1-1.），為使課程發展脈絡更清晰，以圖 6-1-2.呈現之。由教師事先思考幼兒的舊經驗、容易就地取材的元素，與幼兒特別感興趣的議題，依序為：(1) 水的尋訪行；(2)水的實驗室；(3)水的夢工廠，在師生共構的課程理念下接續發展各教學活動。

四、課程紀實

在經歷了前一階段「水的實驗室」玩泡泡水以及體驗浮力與毛細現象後，因小組經驗交流萌生製作小船的興趣，進入「水的夢工廠」，在同儕鷹架的協助下，使得設計、製作小船的進度飛快，然而難題在這時出現了……原本的塑楞板水道早已坍塌無法使用，為了要一圓玩小船的願望，幼兒便得動腦思考、動手展開製作一個可以玩小船的水道。下述以 3-2「水道工程師」為例，說明課程的進展實況（課程實施起迄期：2016 年 5 月中旬至 2016 年 6 月中旬）。

（一）水道怎麼做Ⅰ？——將舊經驗充分應用於新情境

小船完成後，緊接著與幼兒討論可以在哪玩小船？由於有了另一組的經驗——使用塑楞板製作水道（圖 6-1-3.），幼兒發現到除了會漏水外，水放

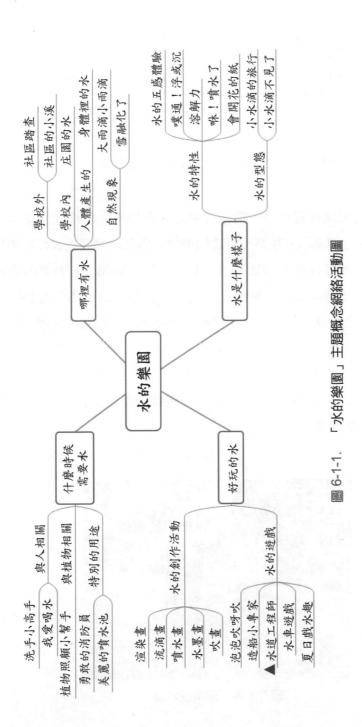

圖 6-1-1.　「水的樂園」主題概念網絡活動圖

水的樂園	1. 水的尋訪行	2. 水的實驗室	3. 水的夢工廠
以水為主題深入發展課程	1-1 社區的小溪 1-2 庄園的水	2-1 泡泡吹呀吹 2-2 噗通！浮或沉 2-3 會開花的紙	3-1 造船小專家 3-2 水道工程師 3-3 咻！噴水了 3-4 庄水玩水

圖 6-1-2.　「水的樂園」課程發展脈絡圖

進去後兩旁會慢慢往外側坍塌，塑楞板隨之逐漸攤平而無法達到蓄水之功能。另外，幼兒也發現水道裡面不可放裝飾物，因使用塑楞板製作水道組的幼兒，在水道完成後提議要裝飾水道，且均使用「紙類」作為裝飾物的素材，未料在放水後卻阻礙了小船前行。幼兒「觀察」到這兩個重要的現象後，便有了初步的想法，例如：「用塑楞板做水道放水以後，旁邊會慢慢變平平的，這樣水就會流出去」、「還有我覺得他們用兩個塑楞板接起來的地方沒有接好，這樣水也是會流掉，水要一直開這樣很浪費水」、「我覺得用塑楞板不好，應該要用紙箱」、「可是紙箱碰到水會濕掉」、「可以加塑膠袋啊，因為塑膠袋不怕水。」

圖 6-1-3.　塑楞板水道

鑑於另一小組使用塑楞板築水道失敗的經驗後，第一次討論時，幼兒認為建構水道應該用「紙箱加上塑膠袋」，正好教室有一些小紙箱可以使用，但先前的舊經驗是紙箱泡在水裡會爛掉，吸水實驗時的結論是——塑膠袋不吸水，所以累積了兩個實驗所知，遂結合小紙箱與塑膠袋兩個素材，試試看怎麼把小紙箱做成水道。

　　一開始使用一個小紙箱時，幼兒發現有的人小船比較大，只能放一艘船，需要用兩個小紙箱把它連接起來（圖 6-1-4.）。接著將兩個小紙箱組合好並在上面鋪上塑膠袋之後，拿到教室外的花臺把水放進去看看是否成功，以再度「驗證」先前「吸水？不吸水？」實驗的結果。由於累積了許多的實驗經驗，使幼兒知道「要放一陣子觀察看看」，意即不要立刻下定論。在當日的午睡後，經過幼兒仔細的檢視並「推論」：「小紙箱乾乾的！」、「塑膠袋在中間，所以水不會弄濕小紙箱」。因此，小紙箱加上塑膠袋的計畫是成功的！

圖 6-1-4.　利用紙盒加上塑膠袋組合的水道

（二）探查社區的小溪——帶領實地觀察後突破想法瓶頸

組合兩個小紙箱加上塑膠袋的計畫成功後，把幾艘完成的船放在水道裡，便發現兩個小紙箱組成的水道太小了！在討論如何做出比較大的水道時遇到了瓶頸，除了借鏡另一組的經驗之外，也提供相關的圖片和上網觀看相關的影片，但是仍沒有具體可行的想法。在與搭班教師討論過後，我們認為若能進行實地觀察生活情境之實景，也許便能引導幼兒思考如何構築水道，遂決定帶領幼兒到幼兒園附近的小溪旁，「觀察」與「記錄」小溪的整體樣貌（圖 6-1-5.）。

圖 6-1-5. 觀察幼兒園附近的小溪

我們在小溪旁觀察了一陣子，幼兒一邊觀察一邊「溝通」描述著小溪的樣貌：「兩邊高高的、中間低低的，這樣可以裝比較多的水」、「兩邊高高的把水圍起來了」、「它後面轉彎了」、「旁邊有草、裡面有一些石頭」。接著發現到水流動的方向——「這些水都是從另外比較高的那一邊流過來的」、「這邊比較低，所以水就會往低低的地方流過來」。回到幼兒園後，幼兒把觀察到的部分畫下來，再透過小組討論，交流彼此的觀察內容。在畫水道設計圖時，幼兒覺得紙張太短了，無法畫出像小溪般長長的感覺，便提出需要兩張紙接在一起。在觀察過社區的小溪後，便有了具體的想法，並能將想法繪製成設計圖（圖 6-1-6.）。

圖 6-1-6.　觀察小溪後的水道設計圖

　　有了觀察小溪的經驗，引導幼兒想想看如何「蓋」水道？老師的引導用語換了一個動詞，原先都是說「做」水道，而「蓋」一詞乃是試圖結合幼兒在積木區建構的舊經驗，「可以用積木啊！」凱凱像是發現新大陸般地說著！其他的幼兒也表示贊同，幼兒依著先前觀察小溪的經驗以及畫出的設計圖，在積木區築起水道並加上一只大型塑膠袋（圖 6-1-7.）。

圖 6-1-7.　在教室利用單位積木建構水道

　　由於在積木區建構時要用地墊，但是地墊的數量不足以舖設長長的水道，同時也有幼兒想到如果水道裡放了水之後，教室可能會弄得濕答答的，老師提議要不要換個位置？「那我們可以到走廊嗎？」幼兒提出了新的想

法，老師問：「想在走廊哪裡蓋水道？」我們一起到走廊觀察地貌，選擇一個適合的地方，既不在動線上又有寬闊的空間，擇定位置後並繪製水道設計圖，如此大家才知道水道建構的位置與方法，完成設計圖後（圖 6-1-8.）翌日便轉移陣地到走廊建構水道。

圖 6-1-8. 水道移至走廊的設計圖

（三）水道怎麼做 II？──再度完成一個具挑戰的任務

搭建水道的過程不如想像中的順利，首先是鋪設塑膠袋，走廊風大時塑膠袋會被風吹走，幼兒很快地想到解決的辦法──在外圍邊緣處再加上一圈單位積木壓著塑膠袋（圖 6-1-9.）；另一個問題是，為了能容納所有的小船，水道的長度較在教室建構的水道長了兩倍，凱凱提議：「把塑膠袋黏成長長的就可以了。」老師問：「為什麼你會想到要把塑膠袋黏成長長的？」凱凱：「因為畫設計圖的時候，紙張太短我們就再去找一張紙黏起來。」幼兒再次將舊經驗運用於新情境。因此，除了原本的大塑膠袋之外，我們又再找了數個小塑膠袋將其組合黏貼，但由於是數個塑膠袋黏貼拼接而成的，沒想到在注入水之後，塑膠袋與塑膠袋之間的接縫處便出現了漏水（圖 6-1-10.）。

圖 6-1-9.　在走廊利用單位積木建構
　　　　　水道

圖 6-1-10.　注入水後發現接縫處會
　　　　　　漏水

　　老師觀察幼兒的反應，當幼兒發現漏水時，雖然臉上流露出一絲絲失望的表情，但卻又立即尋找需要加強黏貼的地方，並且使用不同的黏貼工具（圖 6-1-11.）。

　　阿瑋：「老師，你有黑黑的那種膠帶嗎？」

　　老師：「什麼黑黑的膠帶？你再說清楚一點。」

　　阿瑋：「我看過我爸爸用一種黑黑的膠帶黏東西，它好像比較黏，我覺得應該比透明膠帶強，說不定用黑黑的膠帶黏就不會漏水了。」

　　老師：「喔！我知道你說的是什麼了！那叫做絕緣膠帶，教室裡有這個，等一下老師拿來給你黏黏看。」

　　阿瑋改使用絕緣膠帶修補的地方已不會漏水了，但卻又再發現新的漏水處，幼兒迅速地自動分工修補各個接縫處，以確保不會再漏水。修補的工作完成後，立刻放水試試看，幼兒仔細觀察確定沒有漏水，便興奮地拿著自己的小船準備下水，並且邀請之前也製作小船的另外一組幼兒一起進行小船比

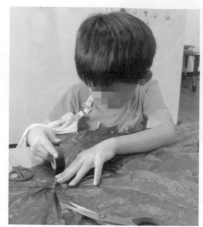

圖 6-1-11. 修補頻頻漏水的塑膠袋

賽（圖 6-1-12.）。歷經了沒有想法、頻頻漏水與不氣餒的嘗試後，建構水道的計畫終於成功了！期待已久的小船馬拉松比賽終於得以如願進行，開心之餘，幼兒以兒歌小星星的旋律改編成「做水道小船比賽歌」，將建構水道的歷程創編為一首在班級中傳唱一時的歌曲。

圖 6-1-12. 小船下水囉！

五、課程實施結果與教學省思

（一）幼兒樂於投入課程，活用觀察、比較、實驗所知

從構思搭建水道到水道完成，再到小船得以順利下水進行比賽的過程，幼兒畫水道設計圖為始，接續展開水道的打造，並不斷改良水道，也就是歷經設計、製作、精進的循環歷程，顯然可見幼兒展現以探究為核心之工程歷程行為。

使用塑楞板到運用單位積木建構水道的過程中，幼兒比較不同素材的特性與建構的結構，例如：「單位積木放邊邊堆高高的，放水之後不會像塑楞板一樣變平平的」、「單位積木拿來蓋水道比較堅固」；幼兒能夠將先前實驗所得知的結論，應用在新的情境中，例如：「塑膠袋防水，可以放在紙盒、積木裡」。為了想要進行小船比賽，幼兒努力地嘗試各種築水道的方法，無論是建構本體的方法或是黏貼素材選擇，在幼兒不斷嘗試中找到相對適合的，並總是期待主題探究課程時間的到來！

（二）達成自製水道得以蓄水與容納全班小船之目標

在設計階段即確認此為改良另一小組的塑楞板水道，幼兒從自身的舊經驗、實驗中獲知的知識以及生活情景的觀察，逐步形成對於自製水道的想法，達到蓄水、全班的小船都能下水的目標。惟在觀察社區小溪時，幼兒提及了有關水的流動，例如：「這些水都是從另外比較高的那一邊流過來的」、「這邊比較低，所以水就會往低低的地方流過來」，倘能再延伸製作具有高低差的水道，更能增添幼兒遊戲的變化性。

（三）提供鷹架引導水道的構築

教學過程當中，教學者透過鷹架引導幼兒思考與展開製作（表 6-1-1），例如：以觀察社區小溪結構的視覺經驗類化至水道的設計，並以材料鷹架促

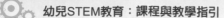
表 6-1-1　「水道工程師」教師鷹架分析

水道工程師	鷹架策略
水道怎麼做 I？	一、語文鷹架 （一）為什麼塑楞板水道會坍塌？ （二）除了紙箱之外，想想看可能還要加什麼，水道才能玩的比較久？ 二、同儕鷹架 另組幼兒有製作水道失敗經驗，藉為水道精進的基礎。 三、回溯鷹架 以照片喚起幼兒先前的實驗所知——「塑膠袋能防水」應用在新情境。 四、材料鷹架 將舊經驗所使用的材料，如紙盒、塑膠袋等提供幼兒製作水道。
探查社區的小溪	一、語文鷹架 （一）紙箱加塑膠袋雖然可以成功，提出兩個小紙箱組成的水道太小的問題，並引導幼兒思考要怎麼樣才可以同時有很多小船一起玩？ （二）注意看小溪是怎麼樣可以裝好多好多的水，我們回去蓋水道的時候，想想看要用什麼方法才可以裝好多的水？ 二、同儕鷹架 有能力的小組同儕負責繪製水道設計圖，促使小組幼兒能聚焦水道的建構方法與素材的準備。
水道怎麼做 II？	一、語文鷹架 原來的大塑膠袋不夠了怎麼辦？如果沒有塑膠袋我們的水道要怎麼才能裝好多好多的水？ 二、材料鷹架 提供數個大塑膠袋、絕緣膠帶及引導幼兒運用單位積木。

發幼兒進行建構。整體教學可見幼兒在 STEAM 領域間來回穿梭（表 6-1-2），包含幼兒於建構水道歷程中運用科學程序能力，以及活用了毛細現象實驗的觀察——塑膠袋防水與體驗結構力學的概念——利用單位積木建構，並且應用了各項數學能力以完成建構水道的任務。總之，在幼兒探究與構築水道的工程歷程中，我不斷觀察與評量孩子的表現，藉以提供鷹架引導師生呈現「探究、鷹架、表徵」循環歷程。

表 6-1-2　「水道工程師」STEAM 要素分析

涉及領域	活動之 STEAM 分析
S（科學）	● 體驗毛細現象、浮力、結構力學 ● 運用科學程序能力（觀察、預測、推論、溝通、實作、驗證、比較等）
T（技術）	● 使用電腦上網查找資料（水道、小溪樣貌）、繪畫設計圖 ● 運用搭建與製作技法：搬運、堆疊、封圍、鋪設、切割、黏貼、連接等 ● 運用人類智慧產物：紙箱、塑膠袋、單位積木、透明膠帶、絕緣膠帶、美工刀等
E（工程）	● 改良塑楞板水道製作紙箱水道、改良紙箱水道製作單位積木水道（室內、戶外），過程中修正調整為可蓄水的水道
A（人文藝術）	● 改編兒歌——做水道小船比賽歌 ● 繪畫設計圖 ● 展現合作解決問題精神
M（數學）	● 計數與估算：所需用到的單位積木數量、塑膠袋數量 ● 測量：水道整體的長寬高度 ● 倍數：單位積木的使用，例如：四倍塊積木用盡，可用兩個雙倍塊積木繼續完成建構 ● 容量：水道能容納的小船數量

六、課程實施中的困難與解決策略

（一）運用生活實景引導幼兒具體可行的建構想法

　　當塑楞板水道坍塌的那一刻，幼兒興起建構堅固耐用的水道念頭，然而利用拼接的紙盒加上塑膠袋，卻發現水道太小了之後，幼兒所提出的想法頓時都是遊樂園、游泳池的滑水道……但對於如何建構滑水道卻無法提出具體的方法及可能可運用的素材；另，以班級中素材蒐集的現況而言，素材種類亦較貧乏，為解決眼前坐困愁城般的困難，也許帶幼兒觀察社區小溪是可一試的解決策略，所幸，前往一趟社區小溪，充實幼兒的生活經驗，在幼兒你一言我一句之下，可行的水道建構想法油然而生，社區即教室便是解決此教學困境的最佳體現，發揮了鷹架作用，這也說明課程離不開生活，是課程生活化的最佳寫照。

（二）讓每位幼兒在探究歷程中找到自己的位置、發現自己獨特的亮點

　　本主題探究課程實踐期為本園推動課程轉型之初期，多數幼兒仍習慣於過去較屬於單向式、被動的接收訊息，鮮少有機會深入探究、表達或溝通想法，也因此在團體討論或被邀請表達想法時，會顯得相當羞怯而沒有信心，甚至會直接說：「老師你不要問我啦！」或盡量迴避教學者的眼神……使得課程進行中難以蒐集幼兒的想法。

　　為了累積幼兒表達的信心以及築起自信的堡壘，大多時候以個別互動、私下對話的方式蒐集幼兒的想法，並以讚美與鼓勵給予幼兒正向回饋；亦從探究的過程中讓幼兒有機會在團體中做自己擅長的事情，例如：擅於繪畫的幼兒，讓其負責畫實驗記錄圖或設計圖；擅於指揮調度的幼兒，讓其練習分派工作；擅於認國字的幼兒，讓其嘗試唸讀出各類文本。經過一段時間後，可以發現到幼兒在探究、尋找答案的過程中，除了對學習感到興趣、產生主動性之外，其自信心更是大幅的提升，能勇於在團體中展現自己。

第二節　STEM 探究主題——米粉達人

「我的米粉工廠」課程紀實

本節旨在敘述在「米粉達人」主題情境脈絡下的 STEM 探究課程「我的米粉工廠」的完整課程實施狀況，含主題課程緣起、主題概念網絡活動圖、課程發展脈絡、課程紀實、課程實施結果與教學省思、課程實施中的困難與解決策略，期望對現場教師有所啟發。

米粉歌

做米粉，來工廠，歡迎光臨，歡迎光臨。

小朋友米粉工廠，終於開幕了！

磨米機呀和蒸箱，攪拌機和揀米片，

輸送帶呀送米糰，送到壓出機，

做好的米粉蒸一蒸，拿到外面曬一曬，

新竹的米粉，世界最好吃，趕快買一包。

（取自：幼兒改編兒歌）

一、主題課程緣起

新竹因著獨特的地形、氣候，造就了遠近馳名的——新竹米粉，而這項傳統文化產業已有百年歷史，身為新竹在地的孩子們，更是肩負著延續與傳承的使命。主題探究課程——「米粉達人」，從米粉的五感體驗出發，透過感官認識米粉，形成孩子們對米粉的初步認知，從而探究米粉是怎麼做的、使用了哪些原物料、使用了哪些工具；在社區踏查、訪問的過程中，蒐集有關米粉料理的各種訊息，引發孩子對於米粉料理的興趣；在飲食教育的體驗

與實作歷程，學習使用烹飪工具，設計、品嚐及改良米粉料理，逐步建立正確的飲食概念，並從中了解、認同新竹傳統文化產業，進而形塑認同與珍視在地文化之情懷。

二、主題概念網絡活動圖

主題課程備課階段，老師們尋找有關米粉的相關資料，初步定調課程發展的方向、設計可能的活動，並且納入幼兒的想法與興趣，繪製主題概念網絡活動圖（圖6-2-1.）。圖中以紅色小三角形標示出的就是幼兒頗感興趣且富STEM要素的本節呈現重點「我的米粉工廠」課程。

三、課程發展脈絡

主題探究課程——「米粉達人」進行為期一年又六個月（課程實施起迄期：2017年10月至2017年6月、2018年10月至2019年6月），其發展脈絡乃來自於主題概念網絡活動圖（圖6-2-1.），為使課程發展脈絡更清晰，以圖6-2-2.呈現之。由教師事先思考幼兒的舊經驗、容易就地取材的元素與幼兒特別感興趣的議題，依序為：(1)竹塹米粉情；(2)庄園米粉廠；(3)米粉的盛宴，在師生共構的課程理念下接續發展各教學活動。

四、課程紀實

透過上網查找資料以及實際參觀米粉工廠之後，幼兒已知米粉是怎麼做的，在一次的討論中老師提到——「現在我們知道米粉怎麼做囉！可是只有我們知道好可惜喔！有沒有辦法也可以分享給別人知道呢？」幼兒說：「我們也來蓋一間米粉工廠，這樣他們就可以來參觀、認識米粉怎麼做的了。」於是開啟了米粉工廠製作之鑰，並討論米粉工廠該有些什麼呢？下述以2-3「我的米粉工廠」為例（課程實施起迄期：2017年11月至2018年6月）：討論籌辦米粉工廠所需準備的事項和工作後，依幼兒興趣分為四組——工廠招牌、小書、包裝一組；米粉製作流程圖海報、材料一組；機器二組。讓幼

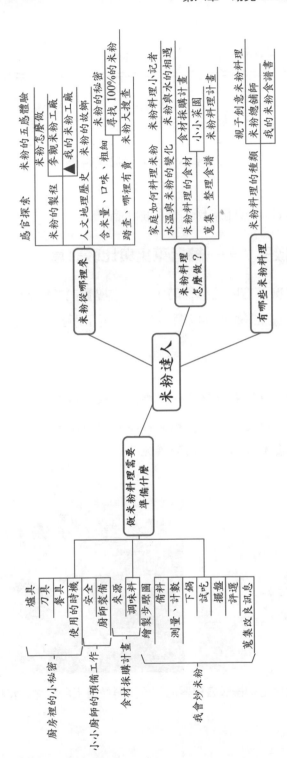

圖 6-2-1. 「米粉達人」主題概念網絡活動圖

米粉達人	1.竹塹米粉情	2.庄園米粉廠	3.米粉的盛宴
延續米的探究課程	1-1 米粉大搜查 1-2 米粉的故鄉 1-3 尋找 100%的米粉	2-1 米粉怎麼做 2-2 參觀米粉工廠 2-3 我的米粉工廠	3-1 米粉料理小記者 3-2 米粉總鋪師

圖 6-2-2. 「米粉達人」課程發展脈絡圖

兒選擇想做的工作後，開始展開米粉工廠的開辦計畫。

（一）機器長什麼樣子？——練習蒐集與比較訊息

在設計規劃米粉工廠該有哪些機器時，幼兒在團體討論的過程中，提出了幾個問題，並透過小組討論、查找網路資訊、畫下所找到的資料（如圖 6-2-3.）解決之。

問題1：我們不清楚機器長什麼樣子？要怎麼做機器呢？（註：幼兒所指稱的「不清楚」，意指機器較細部的部分。）

問題2：我們要怎麼製作出米粉的機器呢？

圖 6-2-3. 帶領幼兒上網搜尋各機器的詳細資料並畫下所搜尋的資料

解決的方法 1：我們可以上網找尋資料，認識機器的樣子和名字；可以
　　　　　　　將找到的機器圖片給印下來，這樣就不會忘記了。

解決的方法 2：我們可以將想做的機器先設計畫出來，再開始製作。

（二）設計──繪製米粉工廠中各式機器的設計圖

在經歷過實地參觀米粉工廠以及上網查找資料後，幼兒得知米粉工廠製作米粉的過程中需要用到六種機器，以及在製程中的順序與功能，幼兒畫下機器的設計圖，並試著列出可能可以使用的素材與製作步驟，分別為磨米機（圖 6-2-4.）、搵米片（圖 6-2-5.）、輸送帶（圖 6-2-6.）、壓出機（圖 6-2-7.）、蒸箱（圖 6-2-8.）、攪拌機（圖 6-2-9.）。

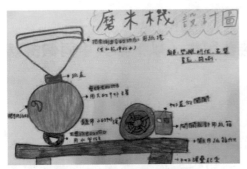

圖 6-2-4.　磨米機設計圖

圖 6-2-5.　搵米片設計圖

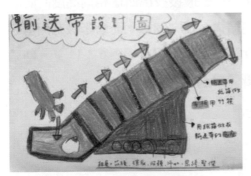

圖 6-2-6.　輸送帶設計圖

圖 6-2-7.　壓出機設計圖

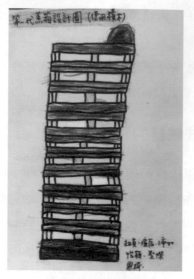

圖 6-2-8.　蒸箱設計圖

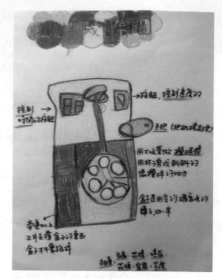

圖 6-2-9.　攪拌機設計圖

（三）製作——依設計圖展開機器製作（以下舉其中兩個機器製作過程為例）

1. 磨米機製作過程

　　將米磨成米漿是磨米機在米粉製作過程的功能，幼兒為了要畫出一個大小適中的圓形，能找出生活中最合適的物件作為描繪的工具（如圖6-2-10.）；在製作磨米機的腳架時，幾經比對最後找出四個相同高度的奶粉罐（如圖6-2-11.），顯見幼兒能考慮到結構平衡的問題；而磨米機有個精心的設計巧思——為了能清洗機器，特地設置了一個開口（圖6-2-12.），幼兒認為如此才能保持機器的乾淨，做出既健康又衛生的米粉。

圖 6-2-10.　利用電鍋鍋蓋描繪出所需的大圓形

圖 6-2-11.　比對相同高度的腳架素材

圖 6-2-12.　磨米機設有一個開口

2. 揄米片製作過程

　　將米糰壓成米片的環節便是揄米片的工作了，而揄米片乃是應用了輪軸概念的機器，幼兒利用紙捲作為軸心，運用蛋糕盒作為揄米片的機身（圖6-2-13.），其後固定須考量到空間與固定方法（圖 6-2-14.）。

圖 6-2-13. 將軸心放置位置做記號

圖 6-2-14. 試擺放掄米片思考如何固定

（四）精進──分享後，依同儕及老師的建議修改設計圖及成品

1. 以蒸箱精進歷程為例

　　第一代蒸箱幼兒運用單位積木建構（圖 6-2-15.），然而，在一次的學習區活動中，製作蒸箱組和在積木區進行單位積木建構的幼兒同時都需要使用單位積木，此時便發現「積木不夠了！」，老師遂引導思考：很多人都要使用積木、積木堆得高很容易倒、蒸箱每次做好都還要拆掉……等問題，透過討論並決定要選用不同的素材──紙箱製作蒸箱，使其便於保存！

圖 6-2-15. 第一代單位積木蒸箱

幼兒想起了近期所蒐集的素材，如：奶粉罐、咖啡罐、紙箱等等，製作過程中，幼兒運用單位積木為工具繪製所需的米粉架（圖 6-2-16.），原本要作為支架配件的咖啡罐蒐集不足，老師因而引導幼兒練習把紙箱捲成捲筒狀，並將其剪開如同章魚腳（圖 6-2-17.），作為支撐米粉架的配件。第二代蒸箱完成後，歷經「觀察」與「推論」，有幼兒提出了「機器旁邊有洞洞，熱氣會跑掉，米粉會不熟」、「沒有門蒸氣會跑掉」的問題（圖 6-2-18.），製作小組的成員再度修改設計圖並使用了紙箱加裝門片（圖 6-2-19.、6-2-20.）。

圖 6-2-16. 運用單位積木量測繪製米粉架（蒸箱配件）

圖 6-2-17. 製作蒸箱內的米粉架（支撐配件）

圖 6-2-18. 第二代蒸箱蒸氣會逸散

圖 6-2-19.　第三代蒸箱設計圖、幼兒更換了製作材料

圖 6-2-20.　第三代蒸箱發表與討論

　　第三代蒸箱發表後，幼兒提出層數太少，不像米粉工廠看到的蒸箱一樣，遂進而再度修改設計圖（圖 6-2-21.），展開第四代蒸箱的製作。而第四代蒸箱精進的部分包含增加層架、改良層架的製作方式，在老師的引導下幼兒嘗試運用非標準及標準測量工具進行製作（圖 6-2-22.、6-2-23.），並在反覆微調下，確認米粉架的大小是否合宜（圖 6-2-24.）。

圖 6-2-21.　第四代蒸箱設計圖

圖 6-2-22.　用尺量量看蒸箱的深度以製
　　　　　　作支撐架與米粉架

圖 6-2-23.　運用已裁好的紙條，作為繪
　　　　　　製支撐層架的工具

圖 6-2-24.　試試看改良後的米粉架是否
　　　　　　能放入蒸箱

　　從第一代精進到第四代蒸箱（圖 6-2-25.、圖 6-2-26.、圖 6-2-27.、圖 6-2-28.），其中的改良包含使用的素材不同（單位積木／紙箱、咖啡罐／自製層架支架），以及層架取出自如（咖啡罐／自製層架支架），並且加上了密實的機身與門片，解決了被大家很在意的蒸氣會逸散以及層架太少的問題。

圖 6-2-25.　第一代蒸箱

圖 6-2-26.　第二代蒸箱

圖 6-2-27.　第三代蒸箱

圖 6-2-28.　第四代蒸箱

（五）米粉工廠機器──幼兒作品

　　幼兒經歷了很長一段時間探究米粉工廠的各個製程所需之機器，運用各式媒材表徵其所知（圖 6-2-29.、圖 6-2-30.、圖 6-2-31.、圖 6-2-32.、圖 6-2-33.、圖 6-2-34.），並能以口語說明每個機器的功能、設計當中的特別之處，以及製作機器精進的原因與方法。

圖 6-2-29.　幼兒作品──磨米機

圖 6-2-30.　幼兒作品──攪拌機

圖 6-2-31.　幼兒作品──蒸箱

圖 6-2-32.　幼兒作品──搶米片

圖 6-2-33. 幼兒作品——第一代壓出機（左）、第二代壓出機（右）

圖 6-2-34. 幼兒作品——第一代輸送帶（左）、第二代輸送帶（右）

五、課程實施結果與教學省思

（一）幼兒擅於運用生活物件進行製作並逐步精進作品

幼兒經歷了從無到有的完整製作過程，展現以探究為核心之工程歷程行為，內心是非常有成就感的，特別是原先想不到可以怎麼做，到突然靈光乍現，那是幼兒感到相當興奮的一刻！在設計階段，透過蒐集訊息與整理訊息的過程，應用「觀察」、「推論」的能力，繪製出每一個機器的設計圖以及設想製作素材；製作階段除了「驗證」想法之外，幼兒能擅用各種生活物件進行製作，例如：利用鍋蓋描繪出所需要的機身、利用單位積木描繪出米粉

架、長條型紙箱描繪出支撐層架、回收的流理臺腳架作為把手……等等，幼兒以其敏銳的觀察力，找出合適的生活物件；在精進階段，透過討論、溝通彼此對於各個米粉工廠機器的想法，不僅能依建議重新設計與製作，亦再檢視之前所蒐集到的資料或再重新利用網路查找資料，即使學期就將結束的課程尾聲，仍提出很棒的改良想法，例如：「磨米機的腳架如果可以調整高度會更好，因為小孩比較矮，大人比較高，操作磨米機的時候需要站在椅子上或是彎下腰，這樣太辛苦了！」令人相當驚豔的是提出此想法的四歲幼兒除了能比較成人與幼兒身高的差異之外，甚至展現換位思考的能力！

（二）時間與經驗催化著米粉工廠機器的精進

在全班共同合作努力之下，討論發表與設計、製作、精進不斷來回的工程活動，終於完成所有的米粉機器。由於課程橫跨了上、下兩學期，共經歷了將近八個月，原本在上學期製作完成的機器，到了下學期因著幼兒經驗的累積、發展的成熟以及接觸到不同的製作技術，初期以為完美的機器，又興起了改良的念頭，若非學年即將畫上句點，也許還有許多接續精進作品的機會呢！可見鍥而不捨、改進完善在幼兒 STEM 探索中也是重要元素。

（三）適時的搭構鷹架能協助幼兒進行探究與表徵

「我的米粉工廠」課程進行時，教學者依著幼兒在工程歷程中的探究情形提供鷹架引導（表 6-2-1），運作著以觀察、評量為核心的「探究、鷹架、表徵」的循環歷程，且可觀察到幼兒在教學者的鷹架引導下，STEAM 諸領域交織於其中（表 6-2-2）。而每進行一個段落，會集結各個小組討論與分享目前的進度，搭配參觀米粉工廠的照片以及早先所蒐集到的米粉製程（回溯鷹架），再度檢視了米粉製作流程中，會使用到的每一樣機器，並試著在教室擺放與操作。部分機器已完成，部分機器在經過討論、分享後，則需要進入優化、改良的階段，教學者在這個階段則會以語文鷹架引導幼兒依據同儕或教學者的建議思考改良的方向，或以示範鷹架讓幼兒得以有觀察、比較的機

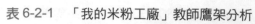

表 6-2-1 「我的米粉工廠」教師鷹架分析

我的米粉工廠	鷹架策略
機器長什麼樣子？ ——練習蒐集與比較訊息	一、語文鷹架 與幼兒一起上網查找製作米粉的機器相關之資料、記錄其內容，並比對在參觀米粉工廠時所觀察到的機器之異同。
設計 ——畫下米粉工廠中各式機器的設計圖	一、回溯鷹架 觀看先前參觀米粉工廠時的照片，以利繪製米粉機器的設計圖。 二、語文鷹架 在設計圖中記錄機器的細部功能、使用材料或製作方法。
製作 ——依設計圖展開機器製作	一、材料鷹架 提供各式製作米粉工廠機器的素材，如大型紙箱、捲軸、奶粉罐、咖啡罐、蛋糕盒、大型礦泉水瓶、各式蓋子。 二、架構鷹架 依設計圖與製作方法展開機器製作。 三、同儕鷹架 在進行製作的過程中，讓能力較好的幼兒成為小組的領導者或示範者。
精進 ——分享後，依同儕及老師的建議修改設計圖及成品	一、示範鷹架 （一）老師示範如何介紹機器及對製作小組提問。 （二）進行機器改良時，示範同儕或老師所提出的建議，提供製作小組觀察與比較不同的方法或材料所產生的改變。 二、同儕鷹架 在小組發表分享機器時，給製作改良具體方法。 三、語文鷹架 記錄同儕或老師提出的問題或建議，以引導幼兒進行改良。 四、材料鷹架 提供機器改良的各式素材。 五、回溯鷹架 展示各項米粉機器設計、製作、精進歷程海報。

表 6-2-2　「我的米粉工廠」STEAM 要素分析

涉及領域	活動之 STEAM 分析
S（科學）	● 體驗平衡結構、輪軸原理 ● 運用科學程序能力（觀察、預測、推論、溝通、實作、驗證、比較等）
T（技術）	● 使用電腦搜尋資料（米粉製程影片、米粉工廠各項機器細部）、繪畫設計圖 ● 運用搭建與製作技法：堆疊、交錯、捲、切割、挖洞、黏貼、連接等 ● 運用人類智慧產物：單位積木、紙箱、咖啡罐、奶粉罐、捲軸、鍋蓋、尺、熱熔槍、剪刀、美工刀等
E（工程）	● 設計各項米粉機器、依設計圖進行實作、各款機器經過分享、團體討論與提問後，依討論與建議進行修正調整
A（人文藝術）	● 米粉機器的外觀整體造型、色彩、比例 ● 改編兒歌——米粉歌 ● 繪畫設計圖 ● 展現合作解決問題的精神
M（數學）	● 計算與估算：製作各個米粉機器會使用到的素材數量 ● 空間：各個米粉機器零件的配置 ● 測量：使用非標準及標準測量工具，例如：運用紙板測量長寬一致的米粉層架（非標準測量工具）、練習使用尺測量蒸箱深度以確認層架的深度是否正確（標準測量工具）

會，以促發不同的想法。材料的預備是「我的米粉工廠」教學過程中很重要的鷹架，在製作的過程中，我們發現到幼兒會逐步追求擬真、仿真，並從茫茫素材中找到最合適的那一個，幼兒繪製的設計圖便是製作過程中的架構鷹架，此乃引導幼兒能夠學習依步驟、依順序展開製作；工作歷程中雖是依幼兒興趣選組，但教學者仍巧妙地安排同儕鷹架於小組中，使得小組運作得以順暢！

　　然而示範與示範鷹架有其不同的意義，示範鷹架是期望藉鷹架的搭建引發幼兒探究與接續的努力，它經常伴隨提問、提示等激發思考的語文鷹架。在教學過程中，有時因教學者未能掌握探究焦點，或一時心急，往往會以示範後要求照做或「代勞」的方式以求快求好，實則是剝奪了幼兒探究學習的

機會，例如：在製作機器的過程中，涉及科學原理時，教學經驗較不足的教學者往往未能將抽象的概念轉換成幼兒能理解的語彙，卻以直接操弄省略讓幼兒探究或體驗嘗試錯誤的歷程，實為低估幼兒的能力，甚為可惜！教學者應在備課階段先行思考具體的引導方法與搭構合宜的鷹架，並放下對於課程進度的焦急與求成心切的心情，讓幼兒有充裕的時間於動手做與測試中不斷來回。

六、課程實施中的困難與解決策略

（一）不同階段的教學者之教學能力各異

在課程實踐的班級裡，有處於求生期、強化期、求新期與成熟期各不同階段的教學者，便意味著在課程實踐的過程中會迸出許多不同的火花。特別是求生階段的教學者，尚在摸索班級經營、協同教學、親師溝通等等，其教學技巧自然不若教學技巧較成熟者。米粉工廠機器製作的目標，往往以「帶領幼兒完成作品即可」，而未能帶領幼兒扎實的經歷設計、製作、精進之歷程，例如：製作物僅以標示文字一言以蔽之代表某一機器。因此，在備課階段需有相當充分的對話、討論，協同教學需達某種程度以上的共識，互相支援與配合；教學過程中需確認是否達到教學意圖，並在對話與省思後調整下一次的教學。基於以幼兒為主體的教學理念，求生期的教學者需抱持著虛心學習調整教學引導技巧；成熟期的教學者，則需不吝於分享、傳授甚至能示範教學引導技巧，在教學相長中彼此相互激勵與成長。

（二）米粉工廠實際運作、開放時間與教學需求之出入

當課程發展需要再次前往米粉工廠，並且希望能實際看到完整的製程，卻未能有店家能滿足我們的教學需求，因若仍遵循傳統製程的米粉工廠，往往需在天未亮時早起工作，才能讓米粉吹著新竹獨有的九降風與日光浴。但課程不能因此而中斷，折衷之道便是靠著帶領幼兒搜尋網路影片、照片，輔以唯一一次的參觀紀錄，使幼兒利行探究與表徵。

第三節　STEM 探究主題──薰衣草的工作室

「水通過的摩天輪」課程紀實

　　本節旨在敘述在「薰衣草的工作室」主題情境脈絡下的 STEM 探究課程「水通過的摩天輪」的完整課程實施狀況，含主題課程緣起、主題概念網絡活動圖、課程發展脈絡、課程紀實、課程實施結果與教學省思、課程實施中的困難與解決策略，期望對現場教師有所裨益。

<blockquote>
我們做東西做失敗了沒關係，
我們一起來想想看還有什麼其他的辦法，
對啊！我們一直試、一直試……一定會成功！
</blockquote>

（取自：幼兒對話）

一、主題課程緣起

　　圖畫書《小布修東西》（蔡曉雯譯，2001）的故事情節當中，小布和奴奴開了一間修東西的店，取名為「奴奴的工作室」，薰衣草班的幼兒便萌生了開一間「薰衣草的工作室」，期望是將小布和奴奴沒修好的各種物品做成好玩的或有趣的東西，並且是能夠放在戶外遊戲場，讓大家都能玩的！透過故事情節的導引，促發幼兒想像力與創造力，將生活中常見的物件賦予新生命。

二、主題概念網絡活動圖

　　課程進行前的備課階段，老師們透過圖畫書引導，以《小布修東西》故事內容中「有哪些東西待修」為問題發展課程；在備課階段與主題展開初期老師初步繪製主題概念網絡活動圖，並藉由團體討論、發想，納入幼兒興趣與想法，確立網絡圖，作為課程發展的預備以及參考方向（圖 6-3-1.）。其

後參考幼兒對主題的先備經驗、興趣與能力，更加確認幼兒探究的明顯興趣焦點在腳踏車的輪圈改裝——製作「水通過的摩天輪」（以紅色三角形標示於圖 6-3-1.主題概念網絡活動圖上）。值得一提的是，接著進一步探究此一挑戰問題的內涵並繪製探究網絡圖（圖6-3-2.），此乃因為這幾年實施STEM探究主題課程的經驗，再加上和淑惠老師一起進行STEM工作坊的體認，發現到老師自身對課程主題的探究是相當重要的，讓老師在帶領幼兒展開探究之前，能有周延的準備以及對擬探究焦點的了解，以利提供幼兒探究的舞臺，並發展師生共構的探究課程。此即第四章第一節所指之課程設計三步驟中的第二個步驟「教師探究問題內涵」。

三、課程發展脈絡

主題探究課程——「薰衣草的工作室」進行為期四個月（課程實施起迄期：2019 年 9 月中旬至 2020 年 1 月初，其後預計進行至 2020 年 6 月），課程發展脈絡來自主題概念網絡活動圖（圖6-3-1.）與探究網絡圖（圖6-3-2.），為使課程發展脈絡更清晰，以圖 6-3-3.呈現之，由教師事先思考幼兒的舊經驗、容易就地取材的元素與幼兒特別感興趣的議題，依序為：(1)水通過的摩天輪；(2)遊戲場變身，在師生共構的課程理念下接續發展各教學活動。

四、課程紀實

聽完《小布修東西》的故事後，和幼兒討論故事情節中出現的物品，包含了長大衣、水管、腳踏車、燙衣板、擀麵棍，除了奴奴做出的東西外，這些東西還能做出什麼呢？幼兒初步的想法提到了有關「水管」可以再製的物品，透過網路查找資料，發現到幼兒對於「水風車」相當有興趣，藉著圖片引導水風車的各個結構以及玩法，幼兒決定這個作品要取名為——「水通過的摩天輪」。下述以 1.「水通過的摩天輪」之 1-2 第一代水通過的摩天輪與1-3 第二代水通過的摩天輪為例（課程實施起迄期：2019 年 9 月下旬至 2019年 11 月中旬）：

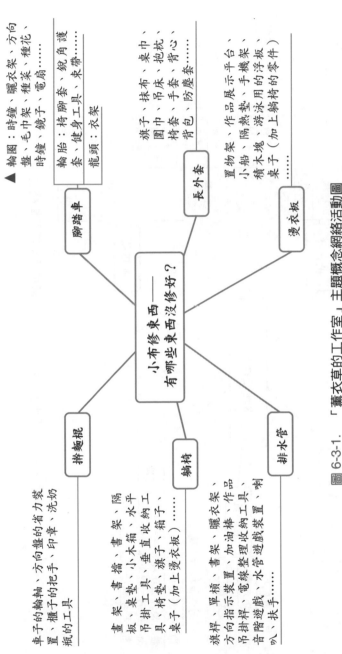

圖 6-3-1.　「薰衣草的工作室」主題概念網絡活動圖

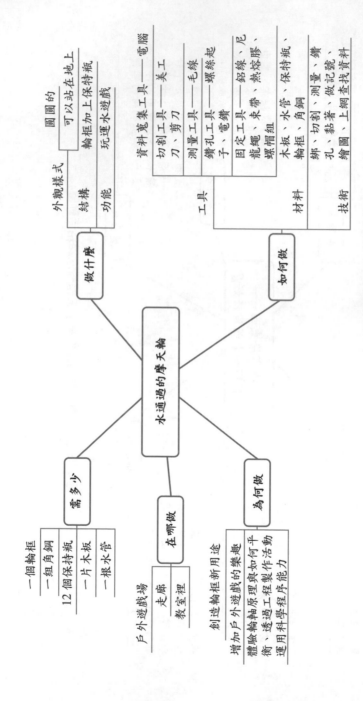

圖 6-3-2. 「水通過的摩天輪」教師的探究問題網絡圖

薰衣草的工作室	1.水通過的摩天輪	2.遊戲場變身
幼兒設計與製作的戶外遊戲裝置	1-1 小布修東西故事引導 I 1-2 第一代水通過的摩天輪設計與製作 1-3 第二代水通過的摩天輪改良設計與製作	2-1 小布修東西故事引導 II 2-2 遊戲場改造發想 2-3 戶外遊戲裝置設計與製作（彈珠檯、水管響叮噹、叮鈴咚隆樂器架、水管牆、樂器牆、立體套圈圈）

圖 6-3-3. 「薰衣草的工作室」課程發展脈絡圖

（一）第一代水通過的摩天輪

1. 小組成員共同繪製「水通過的摩天輪」製作步驟圖及思考需準備的素材

　　透過網路搜尋資料，幼兒找出興趣焦點——老師引導幼兒分析「水通過的摩天輪」需要準備的素材，包括：寶特瓶、水管、腳踏車輪框、大臉盆、木板等，並逐步討論製作步驟，並動手繪製步驟海報（圖 6-3-4.）。

圖 6-3-4. 繪製製作步驟圖及準備的素材

2. 沒有腳踏車輪框怎麼辦？

問題(1)沒有腳踏車輪框怎麼辦？

　　在蒐集素材時，發現到輪框蒐集不易，而輪框是水通過的摩天輪的重要結構，沒有輪框要如何進行製作呢？引導幼兒思考就平日生活中常見的、容易蒐集的素材進行發想，沒有輪框之下可以替代的物品是什麼？

　　　　小靜、晨晨：用鋼絲繞成一個圈

　　　　小如：用軟的水管做

　　　　星星：用壞掉的圓形時鐘

　　　　寧寧：鐵的、圓形的餅乾蓋子

※小組決議──用水管代替輪框，因為比較像輪框。

　　由於部分素材尚未蒐集完成，因而決定先使用「軟水管」代替尚未蒐集到的輪框，幼兒依步驟圖展開製作過程中，要將軟水管彎摺成輪框外型時，幼兒認為膠水是最適合的黏合材料，嘗試了多次後（圖 6-3-5.），才發現事實上膠水是無法黏合水管的，老師引導幼兒想想看美勞區還有什麼適合的黏合材料，幼兒嘗試改用透明膠帶（圖 6-3-6.）完成此任務。

圖 6-3-5.　使用膠水黏合水管

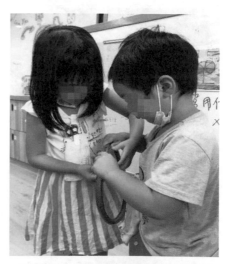

圖 6-3-6.　合作使用膠帶黏合水管

3. 嘗試組合寶特瓶

　　觀察水風車的圖片，幼兒發現所使用的寶特瓶都一樣大；因此，必須要挑選外觀（大小、形狀）相同的寶特瓶，且寶特瓶的瓶口要朝向一致的方向，幼兒依此展開組合（圖 6-3-7.）。

圖 6-3-7.　利用膠帶將保特瓶固定在水管四周

4. 做出的成品和圖片不一樣

　　摩天輪完成後，老師引導幼兒觀察及比較水風車的圖片和自己做的成品（圖 6-3-8.），發現到……

圖 6-3-8.　仔細觀察水風車的圖片，並比較自製的與其差異

問題(2)我們做的和圖片上的不一樣！

　　寧寧：寶特瓶的底部沒有翹起來，頭要扣住才可以。

　　星星：我們排成正方形，不是圓形。

※小組決議──再做一次。

　　幼兒在仔細觀察圖片後，發現到：(1)寶特瓶的瓶口是固定在輪軸的周圍；(2)寶特瓶的底部朝上；(3)整體的排列有其方向性。幼兒試著模仿圖片中的排列方式，以及擺放位置後，下一個難題便是──有哪些方法可以將寶特瓶的瓶口固定在水管的周圍？

5. 將寶特瓶的瓶口固定在水管周圍的方法

　　幼兒透過討論固定的方法，包含了使用橡皮筋（圖 6-3-9.）、膠帶加鋁線（圖 6-3-10.）、毛線（圖 6-3-11.）、尼龍繩（圖 6-3-12.）、鋁線（圖 6-3-13.）、扣環（圖 6-3-14.）、膠帶（圖 6-3-15.），共七種固定的方法（如圖 6-3-16.）。

問題(3)要如何固定寶特瓶與水管？

　　小媄、樂樂、真真：用橡皮筋固定

　　星星：膠帶加鋁線，用橡皮筋會斷掉

　　祐祐、小如、晨晨：用鋁線固定

　　小蕎：用繩子

　　寧寧：用毛線固定

　　小文：用膠帶

　　小靜：用扣環

※小組決議──都試試看，看看哪個最適合

　　嘗試後發現──透過「搖晃測試」，發現「膠帶加鋁線」的方式固定是最緊的，不容易鬆脫。

圖 6-3-9.　利用橡皮筋固定法

圖 6-3-10.　利用鋁線加膠帶固定

圖 6-3-11.　利用毛線固定

圖 6-3-12.　利用尼龍繩固定

圖 6-3-13.　利用鋁線固定

圖 6-3-14.　利用扣環固定

圖 6-3-15.　利用膠帶固定

圖 6-3-16.　六種不同的固定方法

6. 畫記、割、剪寶特瓶

　　由於圖片中的寶特瓶是沒有底部的，因此需要把底部割開，幼兒提出可以在寶特瓶的瓶身先畫線做記號，有部分的小組成員幫忙畫記號（圖6-3-17.），部分的小組成員幫忙在畫記處，使用工具割或剪（圖 6-3-18.）。

圖 6-3-17.　在保特瓶做記號

圖 6-3-18.　練習使用切割工具

7. 固定寶特瓶與製作輪幅

　　決定好寶特瓶的固定方式以及完成寶特瓶切割後，再分為「寶特瓶組」以及「輪幅組」，兩組分工完成摩天輪的主體，分別負責將瓶子固定在水管上以及製作輪幅。寶特瓶組的幼兒練習操作鉗子剪斷鋁線（圖 6-3-19.），以纏繞膠帶與鋁線的方法固定寶特瓶（圖 6-3-20.）；輪幅組幼兒練習目測所需要的鋁線長度，並剪下纏繞在水管四周（圖 6-3-21.）。

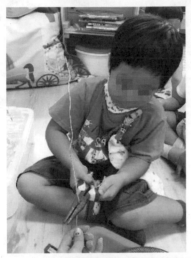

圖 6-3-19. 練習使用鉗子剪鋁線

圖 6-3-20. 合作固定保特瓶

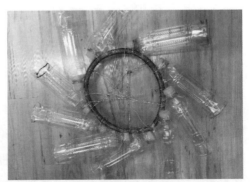

圖 6-3-21. 目測適宜長度鋁線後剪下，做出輪幅之放射狀

8. 固定桿與軸的誕生

　　摩天輪主體完成之後，下一個任務──「固定桿」要使用什麼素材呢？幼兒提出了利用水管，並以剛學會的「纏繞」膠帶的技巧嘗試固定之。但試了三種不同的固定位置，包含了水管的周圍、輪幅的中心點、將輪幅的中心點製造出一個洞穿過去（圖6-3-22.），摩天輪卻都無法順利旋轉。

圖 6-3-22.　將固定桿分別固定在水管周圍、輪幅中心點、
　　　　　　將輪幅中心點製造出一個洞

問題(4)摩天輪為什麼不會旋轉？

　　將固定桿固定於輪幅，但摩天輪無法旋轉；幼兒觀察後認為是固定位置的問題，遂更換了幾個不同的固定點，但摩天輪仍然無法轉動……老師拿出「風車」，請幼兒**觀察風車外型，並用手撥動風車的葉片，引導幼兒觀察轉動時哪裡會動哪裡不會動**，比較與想想看，和現在正在做的摩天輪有什麼相同的地方，如此才能讓摩天輪像風車一樣能夠旋轉，幼兒終於發現到原來是固定桿不能直接固定在摩天輪的主體。

　　幼兒常玩的風車與摩天輪的結構有異曲同工之妙，引導幼兒仔細觀察，便發現到固定桿與摩天輪主體之間必須還要有一個連接物品──「軸」，而製作軸要使用什麼素材呢？剛好教室裡淘汰了一批已沒有水的彩色筆，恰巧其形體、大小都相當符合幼兒要製作軸的需求，老師建議可以嘗試看看使用

彩色筆，幼兒遂將三枝彩色筆綑成一把，將綑成一把的彩色筆當作軸心，固定於當作固定桿的水管上（圖 6-3-23.）。

圖 6-3-23.　以膠帶再加毛線固定彩色筆（軸）與水管（固定桿）

9. 固定桿與底座的結合

　　固定桿完成後的任務是——如何固定在底座上？幼兒的組合建構遊戲經驗讓他們知道要在底座挖一個洞，固定桿就能插在底座的洞上，然而該用什麼樣的技術去挖出一個洞呢？

　　幼兒先在木板（底座）上做記號（圖 6-3-24.），確認要挖洞的位置以及洞的大小，嘗試使用了幾種工具進行挖洞，包含了剪刀（圖 6-3-25.）、筆（圖 6-3-26.）、槌子（圖 6-3-27.），但都無法順利挖出一個能將固定桿放入的洞。

圖 6-3-24.　在木板上畫記欲挖洞位置的記號

圖 6-3-25.　使用剪刀挖洞

圖 6-3-26.　使用筆挖洞

圖 6-3-27.　使用槌子挖洞

　　數種挖洞的方法都不成功，老師建議上網找資料，便搜尋到可以嘗試利用電動工具——電鑽（圖 6-3-28.），將底座挖出一個洞之後，由於幼兒經常觀察老師運用熱熔槍固定肥皂架，於是固定桿與底座的黏合方法也讓幼兒練習操作熱熔槍（圖 6-3-29.）。

圖 6-3-28.　利用電鑽挖出一個洞

圖 6-3-29.　運用熱熔槍黏合固定桿　　　　　　與底座

10. 改良傾斜的軸心與最後組裝及測試

　　固定桿與底座結合之際，幼兒觀察到固定桿和軸心都有傾斜的情形，於是帶著半成品請教幼兒園裡經常協助維修的老師，關於傾斜的問題該如何解決？老師便建議，將之前的膠帶拆掉，使用熱熔槍把軸心再重新固定一次，並在軸心前後分別加上一片擋板，且加強底座（圖 6-3-30.），最後將所有的配件進行組裝（圖 6-3-31.）。完成組裝後的重頭戲，便是將水通過的摩天輪帶到戶外測試（圖 6-3-32.），看看是否能順利地透過水帶動摩天輪旋轉。

圖 6-3-30. 　依循老師的建議重新固定，在軸的下方加木片、中心點加上瓶蓋，用以改善傾斜與脫落

圖 6-3-31. 　完成品圖　　　　　　圖 6-3-32. 　測試水通過的摩天輪，是否能轉動

測試結果幼兒的觀察與推測：

    1.摩天輪可以轉半圈，但是之後就會卡住

    2.放水之後，摩天輪一直往後倒

    3.固定桿與摩天輪會卡住

    4.會倒可能是一邊寶特瓶多、一邊比較少

（二）第二代水通過的摩天輪

由於水通過的摩天輪在測試時無法連續轉動，幼兒遂萌發了再做一次的想法，「第二代水通過的摩天輪」便應運而生囉！幼兒不氣餒的再次仔細觀察先前的圖片，並且在老師的引導下，試圖再次**檢視材料**以及思考是否**調整製作的步驟**，展開製作「第二代水通過的摩天輪」之計畫。

1. 繪製「第二代水通過的摩天輪」製作步驟圖

第二代的製作規劃，希望能更像圖片中的各式素材，幼兒帶著先前在網路上找到的水風車照片，請教總務處的事務組長——榮祥叔叔各個零件的正確名稱（註：事務組長負責維護整個學校的所有設施設備，幼兒經常看到事務組長拿著各種工具修繕物品，因而認為請問榮祥叔叔便能確認水風車的各個零件名稱），幼兒得知第二代的製作零件需準備：腳踏車輪框、角鋼、木板、螺絲、束帶等材料。幼兒再度依著確認後的材料以及討論第一次做失敗可能的原因，畫下步驟圖（圖 6-3-33.）。

2. 出發到社區的腳踏車店及小北百貨採買素材

製作第一代水通過的摩天輪，因為一直未能蒐集到腳踏車輪框而改以自製輪框進行製作，但幼兒認為若第二代必須要用腳踏車輪框，也不能再用膠帶固定寶特瓶——要改用束帶，因而到鄰近商家採買。在說明來意後，腳踏車店的老闆娘免費提供沒有在使用的廢棄腳踏車輪框（圖 6-3-34.），也順利在小北百貨買到束帶（圖 6-3-35.）。

圖 6-3-33.　依討論的結果繪製製作步驟圖

圖 6-3-34.　獲得免費輪框　　　　圖 6-3-35.　買到合適的束帶

3. 製作與組合摩天輪本體

　　切割寶特瓶及固定在輪框周圍的工作，幼兒已相當熟練，但卻忘了第一代檢討時提到要改善「一邊寶特瓶多、一邊寶特瓶少」的問題，只好將已用束帶固定好的寶特瓶拆卸下來，再重新固定一次，並在輪框上做好記號，且以「對稱」的方式固定寶特瓶，以達平衡（圖 6-3-36.）。

圖 6-3-36.　先在輪框上做好記號，利用束帶將寶特瓶固定在輪框周圍

4. 義工爸爸如及時雨般的協助

　　在這次的素材中，角鋼的部分真的是難倒了我們，所幸，鄰班的爸爸得知我們的困境後，恰好手邊有工作中剩餘的材料（註：該家長從事建築材料業），熱心贊助了不易蒐集的零組件，如：合宜尺寸的螺帽組、鐵件，另精心製作了簡報為幼兒說明各種材料以及工具，並且帶領幼兒體驗工序以及電動工具的操作（圖 6-3-37.）。透過義工爸爸專業而精闢的解說、示範、一對一指導操作，為幼兒補充新知與擴展新經驗。

圖 6-3-37.　透過投影介紹所運用的工具，以及嘗試體驗各式製作的工具

5. 完工測試以及作品美化

　　義工爸爸協助我們完成摩天輪各個零組件的組裝，徒手旋轉過程中相當順利，第二代水通過的摩天輪已不會傾倒、卡住、能夠一直旋轉，接著便是要將水注入寶特瓶中（圖 6-3-38.），測試注入水後是否仍能順利旋轉？果然，如同幼兒所預測——因替換成如我們在網路上所找的圖片之材料，所以第二代水通過的摩天輪注入水能夠帶動旋轉！最後，再給幼兒一個小挑戰——要怎麼能讓這個作品變得更美呢？幼兒提出彩繪底座以及在透明的寶特瓶裡，並放入全班的照片（圖 6-3-39.），讓每個人都能在第二代水通過的摩天輪裡盡情旋轉。

圖 6-3-38.　帶著作品到戶外進行測試，結果能夠通過水帶動旋轉——成功！

圖 6-3-39.　彩繪底座、剪下全班小朋友的照片裝入寶特瓶，
第二代水通過的摩天輪完成囉！

為使幼兒能更清楚第一代水通過的摩天輪與第二代水通過的摩天輪之差異，在老師的提問引導以及實物作品的觀察下，幼兒試著回憶與比較兩者在花費、材料、使用的技術、外觀與測試結果之不同，發現到幼兒能夠具體地說出在製作過程中所經歷的許多細節（如表 6-3-1），舉凡更換不同的材料、各種不同的製作技術等等，有趣的是雖然第一代無法順利轉動，幼兒還是很喜歡這辛苦完成、但旋轉會卡住的作品，並推論第二代成功的原因是因為換成比較堅固的材料，例如：腳踏車輪框、束帶等等。

表 6-3-1　幼兒比較第一代與第二代水通過的摩天輪

	第一代水通過的摩天輪	第二代水通過的摩天輪
花費	0 元	60 元
材料	彩色筆+筷子+木片組裝成為軸 軟水管做輪框、鋁線做輪幅 硬水管作為固定桿 膠帶、鋁線、毛線作為固定材料	使用回收的腳踏車輪框 角鋼作為固定桿 束帶作為固定材料
使用的技術	固定寶特瓶，沒有測量距離	固定寶特瓶，有測量距離、做記號
	使用膠帶（黏）和鋁線（繞）固定寶特瓶	使用束帶（繞、穿）固定寶特瓶
	使用熱熔膠（黏）組合底座和固定桿	使用螺絲（鑽孔）組合底座與固定桿
外觀	比較小 寶特瓶比較少、歪歪的 底座、寶特瓶沒有裝飾	比較大 寶特瓶比較多、平平的 底座塗色、寶特瓶加上小朋友照片
測試的結果	注入水後會卡住、傾倒	注入水後可以一直旋轉

資料來源：整理自幼兒討論紀錄

五、課程實施結果與教學省思

（一）幼兒展現敏銳觀察力、合作共構力與問題解決力

　　《小布修東西》中奴奴的工作室，促發幼兒也想如同小布與奴奴一般進行修理、創造的工作，老師帶領幼兒在網路上查找資料，發現幼兒的興趣焦點並展開動手製作「水通過的摩天輪」，幼兒展現以探究為核心之工程歷程行為，繪製水通過的摩天輪之設計圖、展開製作並在試玩後改良，精進至第二代。第一代水通過的摩天輪製作期間，由於素材蒐集速度較慢，老師請幼兒發想腳踏車輪框的替代品，遂有了製作輪框的經驗，乃是利用鋁線及軟水管仿作輪框，幼兒很努力地想盡辦法利用身邊的各式素材表徵所看到的「軸」（沒水的彩色筆），雖然測試後發現運轉並不順利，但幼兒仍想再挑戰一次看看，並展現出敏銳的觀察力，注意觀察圖片中各種材料的細節，以及觀察圖片與第一次的自製作品之相異處，並檢討材料與製作步驟，旋即展開二次設計、製作、組裝；而在第二代水通過的摩天輪進行問題討論與製作過程中，幼兒已能在老師的少量協助下展開對話與製作，若有疑問時，能主動提出自己的觀察、推測、討論可能的解決辦法，並與他人合作。例如：為解決「將寶特瓶的瓶口固定在水管的方法」時，幼兒除了想出工具之外，同時也可以看到幼兒不同的固定策略，以及和同伴設法合作完成的過程，例如：一人幫忙拿著、另一人固定；擅長綁的技巧的幼兒負責綁、擅長黏的幼兒負責黏，問題解決力與同儕合作力在不同的活動中，有反覆練習與體驗的機會。

（二）卡卡的第一代進化到順轉的第二代

　　第一代水通過的摩天輪的製作經驗，成了第二代製作的基石，原本注入水旋轉半圈即卡住、傾斜的情形，在第二代水通過的摩天輪已不復見，現階段的玩法是幼兒拿著水管，將水注入寶特瓶中，接下來的挑戰便是如何進行

「引水接水」的玩法，讓這座水通過的摩天輪可以在戶外遊戲場現身，提供全園幼兒增加戶外遊戲的不同體驗。另外，倘若能讓幼兒再次體驗製作腳踏車輪框的替代品，幼兒能更清楚理解輪幅的結構原理，以及輪軸的應用概念。

（三）鷹架搭構與 STEAM 諸領域之密切交織

在幼兒透過探究以製作「水通過的摩天輪」之工程歷程中，教師提供鷹架引導（如表 6-3-2）整體呈現以觀察、評量為核心的「探究、鷹架、表徵」循環歷程，協助幼兒展開發想、設計、製作與精進，例如：與幼兒一起查找資料、提問討論、記錄幼兒所提出的想法等等是為語文鷹架，用以幫助幼兒聚焦探究焦點、思考問題與找出答案；製作過程中示範如何使用切割工具、電動工具、運用各種固定的技巧等等是為示範鷹架，用以協助幼兒能獲得更進一步的製作技巧，以順利完成製作；在教室展示製作步驟圖與製作歷程照片是為回溯鷹架，用以營造主題氣氛，使幼兒更加投入於主題探究活動中。另 STEAM 諸領域自然交織於其中（表 6-3-3）。

在語文鷹架的搭構方面，教學者的教育性對話應多以開放性的促使幼兒擴散性思考的問句提問，而非以封閉性的「是不是」、「對不對」作為提問，另亦可將幼兒的提問以及提出可能的解決辦法，書寫於海報上，以供幼兒有明確的視覺焦點幫助討論、思考與記錄。

表 6-3-2　「水通過的摩天輪」教師鷹架分析

水通過的摩天輪	鷹架策略
第一代水通過摩天輪	一、語文鷹架 （一）與幼兒一起上網查找幼兒感興趣的「水風車」、「摩天輪」圖片或結構資料。 （二）提出問題──沒有腳踏車輪框的可能替代物品；並將幼兒提出的想法記錄之。 二、回溯鷹架 （一）將幼兒繪製的製作步驟圖展示於壁面。 （二）展示製作歷程照片。 三、材料鷹架 與家長共同蒐集水通過的摩天輪可能可運用的素材，如各式寶特瓶、軟水管、硬水管、木板、膠帶、毛線、鋁線……提供幼兒出最合適的素材。 四、架構鷹架 依設計圖與製作方法展開水通過的摩天輪之製作。 五、同儕鷹架 在進行製作的過程中，讓能力較好的幼兒成為小組的領導者或示範者。 六、示範鷹架 （一）示範工具使用，例如：美工刀、電鑽。 （二）示範技巧應用，例如：綁、繞、做記號、切割、剪等。
第二代水通過摩天輪	一、語文鷹架 （一）引導幼兒説明第二代的改良重點（包含材料以及步驟）。 （二）引導幼兒比較第一代與第二代的異處，並記錄。 二、回溯鷹架 （一）展示第一代及第二代的製作步驟圖。 （二）展示第一代及第二代的製作歷程照片。 三、材料鷹架 再次蒐集接近於圖片的各式素材。 四、架構鷹架： 依第二代的設計圖與製作方法展開水通過的摩天輪之製作。 五、同儕鷹架： 在進行製作的過程中，讓能力較好的幼兒成為小組的領導者或示範者。 六、示範鷹架： （一）示範工具使用，例如：電鑽。 （二）示範技巧應用，例如：在角鋼做記號、使用束帶。

表 6-3-3　「水通過的摩天輪」STEAM 要素分析

涉及領域	活動之 STEAM 分析
S（科學）	• 體驗平衡、輪軸原理、結構力學 • 運用科學程序能力（觀察、預測、推論、溝通、實作、驗證、比較等）
T（技術）	• 使用電腦上網查找資料、繪畫設計圖 • 運用製作技法：剪、綁、纏繞、切割、穿洞、挖洞、組合、黏接、鑽孔等 • 運用人類智慧產物：腳踏車輪框、硬水管、軟水管、角鋼、鐵件、螺帽、寶特瓶、鋁線、毛線、束帶、扣環、膠帶、熱熔槍、電鑽、槌子、剪刀、美工刀等
E（工程）	• 設計水通過的摩天輪、實際製作水通過的摩天輪，過程中修正調整為注入水後能帶動旋轉的摩天輪（前後兩代製作物）
A（人文藝術）	• 呈現「水通過的摩天輪」的整體外觀造型、色彩、比例等 • 繪畫設計圖 • 將照片塞入瓶內富有人文意義 • 合作製作與解決問題
M（數學）	• 計算與估算：製作「水通過的摩天輪」會使用到的各零組件數量 • 測量：使用非標準測量工具確認切割的位置 • 空間：寶特瓶的位置安排、腳踏車輪框與底座的相對位置

六、課程實施中的困難與解決策略

（一）教學者對於科學領域的害怕與對於 STEM 教育的陌生

　　諸多國內外的研究顯示，多數的幼兒園教師對於科學領域敬而遠之，更遑論對於 STEM 教育的理解與投入，追根究柢其原因不外乎為自認對於科學知識較為薄弱，致使科學教學信心低落。於此情境中，教學者自然無法悠遊於課程教學！透過共同備課，回到課程教學的本質——探究，並討論單一教學活動宜聚焦之焦點，提供教學引導的各種具體策略，藉由課程實踐之實例汲取成功經驗，以逐漸累積、強化對於 STEM 教育的概念，鼓舞教學者的教學信心。

（二）教學過程中，釣竿與魚的抉擇

常言道：「給他一條魚，不如給他一支釣竿」，此話雖是老生常談，但在教學實踐的歷程中，教學者經常習慣給魚！當幼兒提出問題時，直接給答案或是請幼兒詢問其他成人；當幼兒遇到困難時，直接協助排除，更有甚者在幼兒遇到困難之前就已為其「排除萬難」！在釣竿與魚之間擺盪的教學者，必須有意識地改變教學過程中與幼兒的互動品質，搭班老師亦須從旁提點，凡幼兒透過問話、不經思考而得知的結論或答案，乃促使其成為知識的消費者；倘能透過查閱書籍、搜尋網路資料或是透過動手操弄、驗證想法（推論）而得知的第一手資料，幼兒不僅能學會資訊獲取的途徑，亦能學習如何學習，其後最終的目的是——幼兒不僅能使用釣竿釣魚，還能自製一根釣竿！

第四節　幼兒 STEM 探究活動紀實

為鼓勵新手 STEM 教師由較易上手的 STEM 探究活動開始試行，本節針對第五章第一節三個主題脈絡下的六個 STEM 探究活動——「如何製作舞龍？」、「古老轎子大創作！」、「我會做安全圍網！」、「如何搭建繩索小屋？」、「我是機器人！」、「如何製作卷軸故事架？」說明其實施狀況與結果，含幼兒的反應與教師的鷹架引導，以供有意嘗試 STEM 教育者實施時之參考。

一、如何製作舞龍？

本 STEM 探究活動大體上按照原教案進行，主教者先與幼兒聊及新年舞龍的節日生活經驗，藉著園裡舉辦新年慶祝活動，引起製作動機；接著引導幼兒運用平板電腦搜尋舞龍影片與圖片；然後出示材料，請幼兒思考如何製作龍身、龍頭並設法使其騰空舞動。其後製作時，幾乎無須教師太多的引導，幼兒在彼此溝通想法後，自行解決撐桿在龍身上形成尖禿點且無法騰空穩定地舞動問題；最後裝飾成完整的龍並快樂地舞動（圖 6-4-1a.～f.）。

整體而言，幼兒顯現濃厚興趣、專注投入與充滿想法，例如雖然一開始幼兒提到的是舞獅，後來看著平板電腦所搜尋出的舞龍照片時，即能發表：「龍的身體很長！」、「下面的人舉著長長的棍子耶！」。在製作時對於撐竿在龍身上形成尖凸點且無法平穩地騰空移動問題，幼兒也很有想法並能解決問題（將於下敘述）。最後對於裝飾龍頭顯現極大興趣：「老師我要剪長長的觸鬚，還有頭上有觸角」、「我要做大大的嘴巴！」基本上，幼兒探究、解決問題，完成龍身有些短但可舞動的龍，也體驗了簡單力學與舞龍時的動態平衡感，大體上達成活動設計目標。

圖 6-4-1a.　如何製作舞龍？

圖 6-4-1b.　如何製作舞龍？

圖 6-4-1c.　如何製作舞龍？

圖 6-4-1d.　如何製作舞龍？

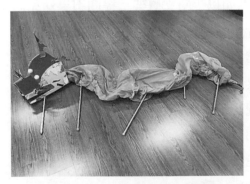

圖 6-4-1e.　如何製作舞龍？

圖 6-4-1f.　如何製作舞龍？

（一）幼兒的反應——展現以探究為核心的工程歷程行為

幼兒於本活動歷程中展現以探究為核心的工程行為，諸如：一開始幼兒在主教者引導下一起用平板電腦「搜尋資料」，即能「觀察」出舞龍的外觀特徵及透過桿子舞動的機制，在最後裝飾龍頭時，還能從持續「觀察」中做出觸鬚與觸角，顯示其觀察入微；而當主教者把準備的材料拿出，請幼兒思考如何運用現有材料製作舞龍時，幼兒即能〔設想〕：「我覺得垃圾袋可以當身體！」。又於〔製作〕階段時，能「比較」出自己的作品與圖片間的差異，即舉起桿子時龍的身體有尖凸點且舞動效果不佳；雖然幼兒們很有想法，但彼此「推想」不同，修正意見不一，在「溝通」後大家決定將紙箱一面切成片狀戳入及黏置於桿頂撐起龍身，結果「驗證」幼兒想法可行，共同解決問題並〔優化〕了舞龍製作物。值得一提的是，在組裝完成時，幼兒發現頭部少安裝一根桿子，「推想」龍身都有桿子，龍頭也同樣需要桿子，才能撐起整條龍使其舞動，終於〔改進〕讓龍真正舞動起來，也「驗證」其推想是正確的。綜觀整個製作過程幼兒運用探究力，在製作時歷經幾次的精進階段，終於能開心地舞動著舞龍製作物。

（二）老師的教學——提供鷹架引導以助幼兒解決問題

當幼兒在工程過程中展現以探究為核心的工程行為時，主教者則在旁搭構合宜的鷹架，以助幼兒解決問題。例如以「語文鷹架」提問引導幼兒思考：當觀看平板搜尋的舞龍影片與圖片後，主教者隨即拿出材料並請幼兒思考如何運用現有材料製作舞龍，引發孩子說：「我覺得垃圾袋可以當身體。」其實以平板電腦搜尋資料，就具「材料鷹架」作用，讓幼兒對舞龍製作物更有概念與想法，也可以說是一種「架構鷹架」，指引了整個製作的方向。又教師先確認幼兒知道舞龍的各部位組成後，並以龍身、龍頭、連接成龍、撐桿撐起龍身的順序——引導幼兒投入製作與思考，這也具有「架構鷹架」之效，使幼兒能依序地聚焦於現階段任務。

「語文鷹架」引導幼兒思考之例再如：老師詢問幼兒剛剛看到的圖片上，撐桿舉起時龍的身體有尖凸點嗎？可以順利地舞動整條龍嗎？要怎麼解決這個問題？幼兒紛紛發表，有幼兒說：「老師，紙箱可以戳洞嗎？我想把桿子穿進紙箱裡。」似乎解決了問題；但老師接著引導說：「可是紙箱那麼大，會把龍的身體撐得很大耶？」另一幼兒就說「我們可以把紙箱剪小片一點！」，即做成「丁」字狀的撐桿；主教者又問要怎麼讓撐桿固定於龍的身上，有孩子就答：「可以用膠帶黏！」、「我們也可以剪洞穿進去！」然後即以行動驗證其想法。可見小組活動的安排與語文鷹架的提問引導，也會自然地搭起「同儕鷹架」效果，讓幼兒間彼此溝通與激發。

綜言之，在整個工程歷程中顯現幼兒以行動探究並表徵想法於製作上，主教者則不斷觀察幼兒的表現並順勢搭建合宜的鷹架，以助幼兒合作地解決問題並精進製作物，可以說顯現以評量為核心的「探究、鷹架、表徵」循環歷程。

二、古老轎子大創作！

本 STEM 探究活動大體上按照原教案進行，先與幼兒聊及《老鼠娶新娘》繪本閱讀經驗，並以製作於扮演遊戲可玩的轎子，引起創作動機；接著引導幼兒一起搜尋平板電腦中的轎子圖片；在幼兒繪畫設計圖後，主教者出示材料，請幼兒思考材料可以怎麼運用以製作可平穩乘坐的轎子？其後製作時進行順利，幼兒解決桿子戳入紙箱轎體後一端下垂的問題，最後裝飾成喜氣洋洋的娶親轎子（圖 6-4-2a.～f.）。

整體而言，幼兒專注投入於創作情境中，也很有想法，例如一開始幼兒就能仔細觀察平板電腦所搜尋圖片，並畫出轎子的完整結構──轎身、抬桿、座位、門與窗。在解決桿子一端下垂問題時，也是直接以行動測試想法並解決問題；老師提醒要將轎子裝飾成喜氣的樣子時，幼兒自動地在轎體四圍貼上雙面膠，拿出紅壁報紙比對轎身長寬度並做記號，然後在地面上摺線裁剪。限於時間，窗戶沒有完成，座位則由主教者置入一小紙箱代替，但不

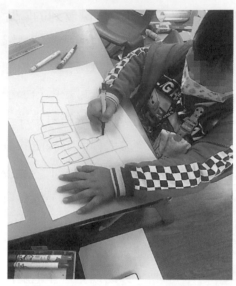

圖 6-4-2a.　古老轎子大創作！

圖 6-4-2b.　古老轎子大創作！

圖 6-4-2c.　古老轎子大創作！

圖 6-4-2d.　古老轎子大創作！

圖 6-4-2e. 古老轎子大創作！

圖 6-4-2f. 古老轎子大創作！

失為可以平穩抬動的喜氣轎子。基本上，幼兒探究、解決問題，完成主要的平衡穩固結構的製作物，大體上達成活動設計目標。

（一）幼兒的反應——展現以探究為核心的工程歷程行為

幼兒於本活動歷程中展現以探究為核心的工程行為，諸如：一開始幼兒在主教者引導下用平板電腦「搜尋資料」，即能詳細「觀察」並繪畫完整結構的設計圖，為製作先行暖身〔設計〕。在〔製作〕過程中，幼兒專注於解決問題，且非常有想法。如應幼兒要求，老師先把紙箱戳一個小洞後，幼兒則自動地將剪刀兩個把手撐開，將洞繼續戳大讓抬桿可以穿過紙箱；而在兩根桿子都穿過紙箱後，孩子就用尺量兩根桿子裸露在紙箱外的長度是否一致；接著看到桿子一端垂下，孩子很自然地拿起鐵絲在抬桿一端纏繞，並由紙箱外延伸到抬桿另一端纏繞，使抬桿固定於轎體；幼兒還進入轎體「查看」抬桿與轎體連接得是否穩固。最後的製作成品還與設計圖「比較」異同。可以說整個製作過程中，幼兒運用了「觀察」、「推論」、「預測」、

「驗證」、「溝通」、「比較」等探究能力，以〔精進〕製作物，讓轎子可以平衡穩固地四處抬動。

（二）老師的教學──提供鷹架引導以助幼兒解決問題

當幼兒在工程過程中展現以探究為核心的工程行為時，主教者則在旁搭構合宜的鷹架，以助幼兒解決問題，尤其是以「語文鷹架」提問引導幼兒思考。一開始老師問：「轎子看起來長的怎麼樣？外面有什麼東西？裡面有什麼呢？要怎麼做？」繼而引導幼兒搜尋平板電腦請其仔細觀察轎子的結構組成，之後孩子的畫就很清晰地含有轎子的各個結構部分，而清楚知道製作標的的結構組成對於活動的成功率是很有助益的，這也是所謂的「架構鷹架」。其實以平板電腦搜尋資料也發揮「材料鷹架」效果，讓幼兒對製作物更有清晰認識與想法。接著老師又問：「要怎麼將抬桿連接在紙箱（轎體）上，讓轎子可以抬起來？」引發孩子直言：「可以將紙箱戳洞！把桿子戳到裡面。」當主教者幫忙在紙箱上戳洞時，幼兒並用剪刀擴大洞口以方便插入抬桿。

以「語文鷹架」引導幼兒思考之例在製作階段很常見，例如：「若要坐在轎子裡面的人不會頭暈晃動，那抬桿要怎麼安裝在轎體上？」引發幼兒拿尺測量裸落於箱外的 2 根抬桿長度是否一致；又「要如何將抬桿和紙箱（轎體）固定呢？」幼兒即用鐵絲纏繞桿子並延伸於箱外纏繞在桿子另一端之法。小組活動的安排、語文鷹架的激發與幼兒的各種表徵其實也發揮了「同儕鷹架」之效，讓幼兒間可以相互激發與溝通。其後老師又引導：「新娘子很害羞，不想給其他人看到喔！」於是幼兒以粉紅色垃圾袋製作成轎子的門簾。

綜言之，幼兒在整個工程製作歷程中顯現以行動探究並表徵想法於製作上，主教者則不斷觀察幼兒的表現並從中搭建合宜的鷹架，以助幼兒合作地解決問題並改良製作物，可以說呈現以評量為核心的「探究、鷹架、表徵」循環歷程。

三、我會做安全圍網！

　　本 STEM 探究活動大致上按照原教案進行，先引起動機——如何解決生活中樓梯扶杆支柱縫隙太大的問題，讓幼兒思考各種方式；接著出示材料，請幼兒思考如何運用粗尼龍繩解決問題？過程中解決繩索在扶杆支柱間仍有大洞與滑動無法固定問題，最後完成較具防護作用的安全圍網（圖 6-4-3a.～f.）。與教案不同處是教師手中的平板電腦突然當機，於是教師自己做了一個安全圍網，提供示範鷹架讓幼兒觀察、比較與其作品有何不同，並作為改進優化的參照。

　　整體而言，幼兒能抓住問題重點，積極參與改善製作物，例如當老師提出樓梯扶杆支柱太大怎麼辦時，孩子即能思考並回應說：「小心地走、牽著大人走、用布蓋住。」又當老師提出今天只有繩子要怎麼辦時，幼兒回應說：「繞來繞去、打結。」在製作圍網過程中，基本上幼兒探究、試圖解決問題，終於用尼龍繩完成比原先較為規律性且較密的圍繞並在支柱上打結固定的圍網，大體上達成活動設計目標。

圖 6-4-3a.　我會做安全圍網！

圖 6-4-3b.　我會做安全圍網！

圖 6-4-3c.　我會做安全圍網！

圖 6-4-3d.　我會做安全圍網！

圖 6-4-3e.　我會做安全圍網！

圖 6-4-3f.　我會做安全圍網！

（一）幼兒的反應──展現以探究為核心的工程歷程

　　一開始雖未畫設計圖，但當老師提及有限材料要怎麼辦、怎麼做時，幼兒以口語提出繞來繞去「圍網」的初步想法，這無異是製作前的構思〔設計〕。幼兒初始〔製作〕都是橫著繞圈圈、沒有規律性地圍繞，且未在欄杆上打結（雖然有幼兒說繞來繞去、打結），有一組是有在支柱外打結，但還是無法產生固定作用。在「觀察」並「比較」別組與自己做的有何異同時，幼兒「推論」並回應說：「小Baby還是會掉下去！」、「不安全！」、「他的是亂綁的！（因為看起來有很大的洞）」而當老師因平板當機自己做了一

個樣本請幼兒「觀察」並「比較」後，幼兒道：「這個好好哦，我都不會這樣綁耶！」其後幼兒試做時老師再度提醒如何讓扶杆支柱上的洞小一些，幼兒「溝通」心得：「在中間（支柱）再打結。」、「拆開重新再繞過。」並且顯現出一些規律性地圍繞動作，表示幼兒已經「比較」並領悟出老師與自己作品有何不同，並正在〔精進〕改良中，以「驗證」自己的領悟「推想」。最後幼兒欣賞自己的作品成果「下結論」說：「有綁之後就安全了。」

（二）老師的教學——提供鷹架引導以助幼兒解決問題

當幼兒在工程過程中展現以探究為核心的工程行為時，主教者則在旁搭構合宜的鷹架，以助幼兒解決問題，尤其是以「語文鷹架」提問引導幼兒思考，例如引起動機時說：「行政樓樓梯扶杆支柱的縫隙有點大……一不小心可能就會掉卜去，要怎麼辦呢？」引發幼兒開放思考；接著主教者出示粗尼龍繩說：「今天我們只有繩子該怎麼辦？繩子要怎麼做才能防止弟弟妹妹們掉下去？」引發幼兒提出圍繞、打結的想法。又當主教者觀察幼兒圍繞扶杆支柱的樣式都是橫向繞圈圈且沒有規律性時，就要求幼兒觀察、比較：「看一下別人是怎麼圍的？跟你的有什麼一樣或不一樣的地方？」讓幼兒發現洞還是很大、小 baby 還是會掉下去，不安全，這無異也發揮了「同儕鷹架」效果，從檢視別人作品中也看出自己的問題。

以「語文鷹架」提問引導幼兒思考之例再如：「我看到有很大的洞？要怎麼樣才能讓小朋友不掉下去？」、「你們的繩子碰一下就移動了位置，這樣安全嗎？為什麼繩子會一直移動？要怎麼樣繩子才會固定不動？」其後平板當機時，老師就當場示範做出一個安全圍網，讓幼兒觀察與比較，這就是「示範鷹架」，目的在讓幼兒運用科學程序能力去發現教師製作的與自己做的有何不同，推想可能是怎麼做的，以作為幼兒改善自己作品的參照。其實它也具「架構鷹架」之效，指引了幼兒接續的行動方向。

綜言之，在幼兒探究、表徵的整個工程過程中，反映主教者持續觀察幼

兒表現的事實，並不時地以鷹架引導協助其解決問題及優化製作物，教師顯現以評量為核心的「探究」、鷹架、表徵」的循環歷程。

四、如何搭建繩索小屋？

本 STEM 探究活動大致上按照原教案進行，先引起搭建戶外小屋的動機——幫幼幼班的弟妹們搭小屋，接著出示材料，請幼兒思考如何運用竹竿搭建小屋外形？如何製作小屋的牆壁？過程中解決小屋無法穩固站立、繩索滑動與結構不平衡問題，最後搭建成可入內遊憩的繩索小屋（圖6-4-4a.～f.）。與教案稍微不同處是在結綁三根交叉竹竿的頂端時，對幼兒較有困難，花費較多時間；而在幼兒將竹竿插入泥土後，並未發生需重新等距插入的不平衡現象，而是在圍繞繩子時因圍繞太緊與力度不均致結構變化，才發生不平衡情事。雖然最後的小屋樣貌還是有些微傾斜，但是在幼兒努力解決問題下，仍然穩固地倚樹結綁而立且具有小屋的外貌，可進入遊戲。

整體而言，幼兒很投入、很有目標，也很開心地完成小屋並進入小屋遊戲，且急待跟同學分享。例如老師出示三根竹竿與尼龍繩時，「三根竹竿要怎麼擺放才能變成屋子的樣子，有屋子的形狀？」孩子就說：「做三角形的，交叉的綁，繞圈圈去綁。」並且真的比劃出三角鼎立狀，只不過結綁頂端時花較多時間，但終能在推理思考後解決問題。又當老師問及屋子的組成結構與如何做時，幼兒能清楚回應「門、牆壁、屋頂」、「用繩子做牆壁，有一面不要圍，做門！」雖然製作的小屋「牆壁」密度較低有空隙，幼兒自己也覺察到此一問題，但是因為還要圍繞很久時間，因此期待下次改進。在搭建小屋過程中，基本上幼兒探究、解決問題，體驗三角鼎立平衡穩固結構，完成簡單的小屋製作物，大體上達成活動設計目標。

（一）幼兒的反應——展現以探究為核心的工程歷程行為

幼兒在過程中一直很投入，一開始就能〔設想〕出做三角形的房（三角鼎立狀），且用繩子做牆壁、一面不圍當門的想法。在實際〔製作〕時勇於

圖 6-4-4a.　如何搭建繩索小屋？

圖 6-4-4b.　如何搭建繩索小屋？

圖 6-4-4d.　如何搭建繩索小屋？

圖 6-4-4c.　如何搭建繩索小屋？

圖 6-4-4e.　如何搭建繩索小屋？

圖 6-4-4f.　如何搭建繩索小屋？

思考、探究，如綁定三根竹竿使成三角鼎立狀失敗時，不斷「推想」原因並以行動「驗證」想法，試圖解決問題，如站在鞋櫃上增高試綁、先橫放地面上綁後再立起、幼兒扶著竹竿教師幫忙於頂端綁緊。而在過於拉緊繩子致使房屋結構縮小、傾斜失衡時，能「推想」並做出將小屋用繩子綁在樹邊使其整體平衡的解決方法，且以行動「驗證」（雖穩固而立還是有些微不平衡，但幼兒感到滿意），這是很另類的想法與行動，出乎主教者意料；後來又有幼兒想出「繞的時候要打結繩子，就不會跑了。」並且以實際行動「驗證」想法，最後解決問題〔優化〕了小屋狀態。當然這都是幼兒在過程中「觀察」、「比較」小組成員彼此圍繞繩子的方式，而「推想」、「溝通」並「驗證」出來的。

（二）老師的教學──提供鷹架引導以助幼兒解決問題

當幼兒在工程過程中展現以探究為核心的行為時，主教者則在旁搭構合宜的鷹架，以助幼兒解決問題，尤其是以「語文鷹架」提問引導幼兒思考與行動。例如：「三根竹竿要怎麼擺放才能變成屋子的樣子，有屋子的形狀？」引發幼兒想出三角鼎立狀；「屋子由什麼部分組成？」引發幼兒說出門、牆壁、屋頂，並設想出以繩子做牆壁、一面不圍當門；又「房子要穩固喔進去才不會被碰倒，現在該怎麼辦？」引發幼兒將竹竿插入土中，增加穩固性。後來過於拉緊致使圍繞的繩子向上滑動導致結構縮小失衡時，老師又提問：「比較你用繩子圍繞竹竿的方法跟別人圍的有什麼不一樣的地方？」、「為什麼你圍繩子的時候，繩子會一直往上跑？是什麼原因？怎麼辦？」、「為什麼房子好像歪了一邊不平衡？怎麼辦？」引發幼兒認真思考、推想與以行動驗證其想法是否能解決問題，最後終於穩固地結綁於樹邊（雖然還是有一些傾斜）。

其實本來在這樣的小組活動中，幼兒表徵其思考與以行動驗證想法，也會發揮「同儕鷹架」的效果，彼此可相互激發與學習，再加上主教者請幼兒相互觀察、比較彼此做法有何不同，也是搭建「同儕鷹架」，讓幼兒間相互

觀摩發現問題，有機會精進自己的想法。又老師提問房子的組成結構並確認幼兒知道各結構後，讓幼兒製作，像這樣給予簡易有趣的任務與清晰的製作目標，無異是一種「架構鷹架」，指引了幼兒接續的行動方向。

綜言之，在幼兒不斷探究、表徵的整個工程過程中，反映主教者持續觀察幼兒表現的事實，並不時地以鷹架引導、協助其解決問題及優化製作物，表現出教師以評量為核心的「探究、鷹架、表徵」的循環歷程。

五、我是機器人！

本 STEM 探究活動大體上按照原教案進行，先以園裡慶祝活動時大家可裝扮成機器人，引起製作動機；接著引導幼兒搜尋平板電腦機器人圖片與影片，並請幼兒思考如何運用紙箱製作能穿戴於身的機器人，在繪設計圖後即動手製作。過程中解決紙箱尺寸大小與身體部位不符無法直接套入，要如何製作成合身（手、腳部位）的穿戴式機器人問題；最後貼上鋁箔紙與裝飾後，終於完成可穿戴裝置的機器人（圖 6-4-5a.～f.）。

整體而言，幼兒很有回應，也很有想法，例如當教師播放影片時，幼兒爭相發表，例如：「機器人長得很酷！」、「科博文也是機器人」、「老師！機器人長這樣（扮鬼臉）！」、「機器人這樣走路（做出同手同腳走的動作）。」續問機器人的特徵、與人類有何異同時，幼兒也能如實回答：「機器人沒有頭髮！」、「都有手和腳，還有身體。」、「頭是正方形的，我們是圓形的！」、「機器人不用吃東西！」。當老師問幼兒如何用紙箱做機器人時，幼兒也很有想法，了解機器人的部位結構與應如何運用紙箱製作，例如：「這個紙箱可以當頭呢！」、「可以用紙箱做出機器人的手和腳，還有頭，還有耳朵！」、「機器人要亮晶晶的，因為它的身體很硬」、「紙箱太大了，要把它剪掉。」、「腳要先畫線（意指測量幼兒腳的長度並作記）！」總之在製作機器人穿戴裝置時，基本上，幼兒探究、解決問題，體驗紙箱與身體的空間及面積推理，完成可穿戴於身的平衡穩固且方便行動的機器人裝置，大體上達成活動設計目標。

圖 6-4-5a.　我是機器人！

圖 6-4-5b.　我是機器人！

圖 6-4-5c.　我是機器人！

圖 6-4-5d.　我是機器人！

圖 6-4-5e.　我是機器人！

圖 6-4-5f.　我是機器人！

（一）幼兒的反應——展現以探究為核心的工程歷程行為

幼兒一開始就能在老師引導下以平板電腦「搜尋資料」並仔細「觀察」機器人影片，「比較」並說出它與人類有何異同，有如上述。在畫〔設計〕圖後進入〔製作〕階段時，不僅能思考如何運用紙箱做機器人的各部位，不斷測量「比對」紙板與身體部位並作記號，而且在遇到問題時，也能設法解決。例如一位幼兒說：「你的腳太長了，會露出來ㄟ！」幼兒回答說：「那再拿一個紙箱片黏起來就變長了（意指機器人穿戴裝置變長）。」又幼兒只剪一片紙箱片，只能圍住腳的一面無法四面圍住時，另一位幼兒就說：「我們要把腳圍起來，也要做長一點的，用膠帶全部黏起來。」顯示幼兒不斷「推想」、一面製作一面「溝通」，並以行動「驗證」想法，以解決問題暨〔改善〕製作物。

（二）老師的教學——提供鷹架引導以助幼兒解決問題

當幼兒在工程過程中展現以探究為核心的行為時，主教者則在旁搭建合宜的鷹架，以助幼兒解決問題。例如一開始老師提供平板電腦引導幼兒上網搜尋影片與圖片，讓孩子對機器人更有概念與想法，這是一種「材料鷹架」，而且也是「架構鷹架」，指引了接續的製作方向。再如主教者問如何用紙箱製作穩固且行動方便的機器人時，幼兒沒有反應，此時主教者則先拋問哪一位幼兒要當機器人？接著以機器人模特兒依次引導幼兒如何做機器人的頭部、身體部位，與手腳部位，這就是一種「架構鷹架」，當然也是「語文鷹架」，將孩子的注意力聚焦於製作可穿戴於身的機器人裝置，而非機器人模型，引發孩子直接用紙箱比對機器人模特兒的各部位，開始動手操作。

在製作過程中主教不斷以「語文鷹架」引導幼兒思考，有的紙箱尺寸可以直接套入如頭部、軀幹，而有些紙箱尺寸與身體部位不符時（如手、腳部位），老師則問：「為何不能用膠帶把全部紙箱黏起來？」、「要怎麼把紙箱變成可以穿在身上？」例如製作手部時主教者又說：「只有一片耶，要怎

麼穿？」幼兒回：「要把手包起來才能穿，跟身體一樣包起來！」（身體是用一個較大紙箱製作直接套入）；主教者又說：「那手要怎麼樣才能跟身體一樣包起來？」當幼兒沒有回答時，老師接著引導：「我們來數數看身體紙箱有幾片？」幼兒答：「四片！」終於激發幼兒開始裁剪紙箱片（用四片連接包住手、腳部）、測量幼兒身體與連接紙箱片，以製作合身的機器人穿戴裝置。此外，小組活動的安排即有一種「同儕鷹架」之效，有如以上遇到問題時，幼兒間表達想法彼此激發形同互搭鷹架。

綜言之，在整個工程設計與製作歷程中，幼兒不斷地探究、表徵，主教者則持續觀察幼兒表現，並且不時地以鷹架引導、協助其合作地解決問題及改善製作物，顯現教師運作以評量為核心的「探究、鷹架、表徵」的循環歷程。

六、如何製作卷軸故事架？

本 STEM 探究活動大體上按照原教案進行，先提及卷軸故事架對說故事的方便性，接著誇讚幼兒是小工程師，讓幼兒以小工程師自期，以引發其製作動機；然後引導幼兒利用平板電腦搜尋影片或圖片，在繪畫設計圖後發下材料；接著請幼兒思考如何運用紙箱與水管製作能捲出圖片背景的卷軸故事架，隨即投入製作。過程中解決諸多問題，最後完成卷軸故事架（圖6-4-6a.～f.）。

整體而言，幼兒很有反應，例如當教師引導幼兒查找平板上的卷軸與卷軸故事架時，幼兒紛紛發表：「可以做一個小小電視機！」、「可以讓每一張圖畫都看得到！」、「可以把圖畫紙捲起來！」續問生活中有什麼東西可把紙捲起來時，幼兒回答：「衛生紙！」、「廚房紙巾！」表示幼兒對卷軸並不陌生。而且幼兒也很有想法，例如當老師問幼兒怎麼樣才知道卷軸的長度會太長或太短時，幼兒胸有成竹回答：「可以量一下或是比比看就知道會不會太長了。」、「可是還要留手把的部分才可以轉動！」（限於時間未完成。）對於製作卷軸也很有想法，例如：「兩邊（紙箱上與下面）都還要用

圖 6-4-6a.　如何製作卷軸故事架？

圖 6-4-6b.　如何製作卷軸故事架？

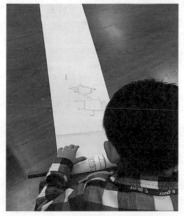

圖 6-4-6c.　如何製作卷軸故事架？

圖 6-4-6d.　如何製作卷軸故事架？

圖 6-4-6e.　如何製作卷軸故事架？

圖 6-4-6f.　如何製作卷軸故事架？

剪刀挖洞，讓水管可以穿過去。」、「水管有 2.5 公分粗，所以挖的洞也要一樣才能穿過去。」在整個卷軸故事架製作歷程中，基本上幼兒探究、解決問題，也體驗了轉軸原理，完成可捲出背景圖片的卷軸故事架製作物，大體上達成活動設計目標。

（一）幼兒的反應——展現以探究為核心的工程歷程行為

主教者引導幼兒以平板電腦「搜尋資料」時，幼兒仔細「觀察」，思考生活中有何類似物品並能正確地說出。在繪畫〔設計〕圖後，著手〔製作〕，而在製作中忙著「測量」、「比對」、作記、裁剪、切割材料並一一克服挑戰，例如如何將一張張紙變成可拉長的卷軸？如何將捲起的紙張固定於轉軸？如何製作能放入紙箱螢幕內的合宜尺寸卷軸？如何安裝卷軸於紙箱螢幕內？而且也都能相互「溝通」合作解決問題，例如一幼兒問：「黏好的圖片要怎麼捲起來？」另一幼兒回答：「用水管幫忙捲圖畫紙！」又有幼兒說：「要把一頭先固定這樣比較好捲進去！」另一幼兒說：「慢慢捲過來，另外一邊也要用雙面膠固定在水管上，這樣就可以了。」可以說整個製作過程中都是在不斷「觀察」、「推論」、「溝通」、「預測」與以行動「驗證」想法，最後完成並〔優化〕製作物，解決了問題。

（二）老師的教學——提供鷹架引導以助幼兒解決問題

當幼兒在工程歷程中展現以探究為核心的行為時，主教者則在旁搭建合宜的鷹架，以助幼兒解決問題。例如主教者提供平板電腦，引導幼兒搜尋卷軸與卷軸故事架的圖片與影片，而且試圖與生活中的物品連結，讓孩子對製作的標的更有概念與想法，這是一種「材料鷹架」，也具「架構鷹架」之效，指引了製作的方向；又先讓幼兒繪設計圖，確認幼兒理解卷軸故事架的結構組成，並引導依序製作，這也是一種「架構鷹架」，讓幼兒聚焦眼前任務。而小組活動的安排讓幼兒間溝通、表徵以共同解決問題，也發揮「同儕鷹架」作用，如以上幼兒合作解決問題的對話。

此外，主教者也以「語文鷹架」提問引導幼兒思考，例如：「要怎麼知道圖畫紙的大小沒有超過箱子？」、「要怎麼知道卷軸長度會太長或短呢？」引發幼兒測量及與實體比對行為，思考後續的製作程序。在幼兒製作的過程中，準確測量確實是較為困難的部分，教師均在旁予以協助，如幼兒拿尺測量，教師協助確認尺寸。此外，教師也引導幼兒思考各部分結構間的關係（水管轉軸、圖畫紙、卷軸、紙箱螢幕），對於製作與精進確有幫助，如：「卷軸圖片要在電視機體的哪個地方？」、「螢幕要做在紙箱的哪邊？」等。

　　綜言之，在整個設計、製作與精進的工程歷程中，幼兒忙於探究、表徵，而主教者則持續觀察幼兒表現，並不斷以鷹架引導、協助其合作地解決問題及精進製作物，顯現教師以評量為核心的「探究、鷹架、表徵」的循環歷程。

七、後記

　　這六個活動是碩生在研究者指導下所共同設計，再經研究者審修而成，然後碩生們到幼兒園試行與記錄教學狀況。從以上實施紀實，不可諱言的是，主教者的教學經驗較為有限且無任何 STEM 教學經驗，與前三節的資深有經驗教師自然無法相比。但是大體而言，幼兒能在工程歷程中運用各項探究能力，展現專注投入、解決問題與改善製作物的努力；主教者也能在幼兒探究與表徵中，在旁觀察且提供一些鷹架支持；而且最後幼兒均能產生製作物解決問題或克服挑戰，顯現這些 STEM 探究活動大致上設計合宜且對幼兒具吸引力。從試教者準備離園時，幼兒顯然意猶未盡，詢問：「等一下還會有嗎？」、「明天還會再來嗎？」可以證明活動的吸引力。此外，這 STEM 活動試教基本上也驗證了本書第四章第二節所提出的幼兒、教師及師生互動三面向教學實施原則，顯現在幼兒從事以探究為核心的工程歷程中，教師搭建合宜鷹架，實頗值欣慰。補充說明的是，之所以讓無 STEM 教學經驗的研究生到園試行，主要目的在了解這些活動設計在無 STEM 教學經驗之教學下

的實施狀況，試教結果顯示活動設計與教學大體合宜，職是之故，研究者鼓勵有心進行 STEM 教育的「新手教師們」勇於行動著手嘗試。

不過較為遺憾的是，因考量不造成園方困擾與材料攜帶方便性，難免在幼兒選擇素材時，較為受限。然而工程製作本來就是在當前限制狀況與必要要求下，做最佳的方案規劃與選擇，所以幼兒在這些 STEM 活動中都必須思考如何運用現有有限的工具、材料，以製作能解決問題或滿足挑戰的製作物。建議在園方實施時能多提供一些素材與工具，讓幼兒得以選擇製作，但也不能一次提供太多素材與工具，反而讓幼兒無所適從，無法好好探究每種素材的特性，或形成浪費資源現象。素材與工具的提供最好是適量地漸次增加，讓幼兒有機會探索與熟悉不同的工具與材料。

研究者主張漸進實施課程轉型或創新，建議想要試行者從一星期一兩個個別活動做起，雖然可以不在主題脈絡下設計與實施，但是最好還是在主題脈絡下使前後活動有所關聯，對幼兒較有情境意義，這也是本節 STEM 探究活動紀實與第五章第一節 STEM 探究活動設計示例存在的意義。如果已經根據課綱實施課程或已走在主題探究課程之路的幼兒園，就可以在主題脈絡下根據設計三步驟與三要素，實施幼兒 STEM 教育，有如本章第一節到第三節大庄附幼的課程實例。而實施萌發性課程者在察覺幼兒興趣正生成課程前，也可參考這課程設計三步驟與三要素，據以整體規劃與思考，以更符合幼兒 STEM 教育的精神與樣貌。

第七章

幼兒 STEM 教育之
省思與結論

雖然面對人工智能時代，各國如火如荼地祭出各項法令政策，大力推展 STEM 教育，甚至也向下延伸至學前階段，然而當前在臺灣 STEM 教育的推展與落實仍有一些挑戰或問題。本章第一節即在省思這些挑戰與提出一些因應策略，並在第二節對全書——《幼兒 STEM 教育：課程與教學指引》作出結論，以聚焦全書重點。

第一節　幼兒 STEM 教育之省思——挑戰與因應

　　幼兒 STEM 教育在今日之定位有如本書開宗明義所示，乃無庸置疑，而且 12 年國教提供 STEM 教育之發展契機與空間，使幼兒園可向上銜接，形成連續性教育；然而幼兒 STEM 教育之落地實施至今仍有諸多挑戰或困境有待解套（周淑惠，2019）。而有困境或挑戰自然必須加以面對或因應，最終方能達成培養具備未來時代能力公民的目標，故本節針對當前實施 STEM 教育之挑戰與因應加以論述。

一、挑戰

　　Margot 與 Kettler（2019）全面檢視 2000～2016 年學術期刊之實徵研究中有關 K-12 老師對 STEM 教育的認知，充分道出 STEM 教育的困境或挑戰。該研究發現老師們雖然都珍視 STEM 教育的價值，但大多認為有許多實施上的障礙，例如教學上的挑戰（如從教師主導角色轉移至以學生為中心）、課程上的挑戰（尤其是各個學科領域間整合方面）、結構上的挑戰（傳統學校的結構有礙 STEM 教育的執行如班級作息、行政與財務、評量體系等）、對學生的關切疑慮（如教師不相信學生有能力可運用知能於 STEM 問題中，以及教師認為學生沒有意願）、對評量、時間與知識的關切疑慮（缺乏有品質的評量工具、工作增加致縮減規劃的時間、職前及在職進修不合宜致缺少 STEM 學科領域知識）、缺乏教師支持等。

　　林坤誼（2018）提出臺灣推動 STEM 教育的一些挑戰或問題，例如無論是職前或在職體系缺乏有系統的 STEM 教育培育，直接導致教師無法於課室中落實；其次是缺乏多元、彈性且優質的 STEM 課程或教學活動，以供教師參考。中國 STEM 教育研究中心（2019）指出，中國 STEM 教育前景廣闊，然而教材師資與培訓指導欠缺需求巨大；在一項香港的自我效能問卷調查中，只有 5.53%的教師認為他們對 STEM 教育充分準備好，教師執行 STEM

教育在資訊、管理與結果三方面有強烈的關切疑慮，可見教師普遍對 STEM 教育認識不清，因此提供教師專業發展、教學支持與課程資源是賦能教師落實 STEM 教育之當急之務（Geng, Jong, & Chai, 2018）。以上研究顯見教師對 STEM 教育之理解與知能有限及 STEM 教材缺乏，是港臺兩地共通問題。

　　至於幼兒園方面，相關文獻較為有限，在一項香港的深度訪談研究中發現，幼兒教師面臨三大挑戰：對 STEM 教育認識有限專業培訓有待發展、難以落實與確立教學內容、受限能力與財力無法製作或添置 STEM 教材（鄭德禮，2018）。以上的發現似乎也圍繞於對 STEM 的認識不清、知能有限。其他文獻發現幼兒 STEM 教育之具體做法不一（Campbell et al., 2018; Selly, 2017），教師的能力、實施階段也互不相同（Linder et al., 2016）。綜上文獻，研究者復根據長年幼兒園現場研究與輔導及 STEM 工作坊經驗，歸納三項臺灣幼兒 STEM 教育的挑戰或面臨問題如下（周淑惠，2019）：

（一）STEM 教學知能有限

　　STEM 教學知能包括 STEM 各領域——科學、技術、工程與數學之「內容知識」，幼教老師一向懼怕數學、科學，尤其是一些科學原理，現又加增鮮少接觸的工程與技術領域，想必教師的心理負擔是沉重的。又 STEM 教學知能也包含 STEM「課程設計能力」，如整合性的課程設計，這是較艱難的部分，許多幼兒園習於分科教學，一般幼兒教師對統整性的主題課程設計也有所困難，現又加上偏理工的領域，難怪如第一章 Bybee（2013）指出 STEM 領域整合的一些偏差觀念或做法。最後 STEM 教學知能也包括「教學知識」特別是教學引導與互動能力，即幼兒進行探究時，要如何因應每位幼兒的「近側發展區」需求，以提供適切的引導鷹架。其實最根本的原因在於教師習於主導教學，不認為搭鷹架引導是重要的，即使認為重要也不知要如何具體為之。

　　吾人以為，STEM 知識、能力不足當然無法於課室中自信教學、落實 STEM 教育，而 STEM 教學知能不足有部分原因是 STEM 教學信念匱乏，特

別是還持有教學主導觀念的老師，可能是不信任幼兒具有解決問題的能力，也可能是教師自身日久成習難以改變；而最直接導致 STEM 知能不足與教學信念匱乏之因，則是職前培育與在職進修機構皆很少涉及甚或完全未教導 STEM 教育，如以下論述。

（二）專業發展機制不足

如上所言，職前與在職系統皆鮮少觸及 STEM 相關知能的培訓，導致教師無法進行 STEM 教學與無從進行專業成長。Nadelson 的研究顯示，當教師有足夠的學科內容知識與領域教學知識時，STEM 教學提升了（引自 Kelley & Knowles, 2016）。根據研究者理解，目前在臺灣也只有極少數師資培育機構開設 STEM 相關課程，STEM 職前師資培育明顯匱乏；又領域整合是 STEM 教育的重點之一，然而師範院校強調統整教學由來已久，但是仍有一些教材教法科目是分科授課的，協同或統整教學總是落在理想層次，又何況是在幼兒園現場呢？一般主題課程都無法做到統整，難怪整合的 STEM 教育無法實現。最重要的是，不僅職前體系缺乏 STEM 相關知能培育，與現場幼教老師成長息息相關的在職進修系統也相當匱乏，因此現場教師鮮少有機會進行 STEM 方面的專業成長，又怎能要求教師落實 STEM 教育呢？也就是職前與在職專業發展機制匱乏，是當前普行 STEM 教育所面臨的重大挑戰。

（三）幼教結構上的挑戰

一般而言，教育政策的推行較易落實於公立幼兒園，然而，公幼系統在體制上大都隸屬於國民小學，在 STEM 教材的添購上或其他實施面向上，或多或少必須配合小學作業，也是必須關切的問題。又臺灣公私立幼兒園的比例是 3：7，顯然公辦幼兒園比例稍顯不足，私立幼兒園因為必須面對廣大家長的「不要輸在起跑點」學業取向要求，經常在理念與現實間與家長周旋共舞（劉慈惠，2007），導致形成美國著名幼教學者 Elkind（1981, 1987）所指之「及早受教」、「揠苗助長」現象；近年來又由於「少子化」現象更加雪

上加霜，使得幼兒園深陷生存危機，為求生存，多半會取悅家長，實施分科與才藝教學，無法顧及專業品質（吳珍梅，2007）。

　　所幸目前有一些幼兒園也許是真正了解 STEM 教育之時代意義，又或是欲以 STEM 掛帥吸引家長，紛紛想投入 STEM 教育，但若是幼教整體結構上未改變，多數幼兒園仍必須與家長共舞，有些幼兒園則在各方面必須配合小學，再加上知能有限與專業發展機制不足，此一熱潮很容易落於曇花一現或付諸流水。鑑於 STEM 教育於 AI 時代的定位及各國已將 STEM 教育向下延伸至幼兒階段，教育有關當局似應開始關注幼兒 STEM 教育及其推展與落實問題。

二、因應

　　研究者提出以工程為核心與主要歷程的嚴謹 STEM 教育定義，崇尚多領域整合的幼兒 STEM 教育。鑑於坊間幼兒教育現況與幼兒 STEM 教育各種挑戰，提出以下三項因應措施（周淑惠，2019）：

（一）重構專業發展系統

　　當前幼兒 STEM 教育的第一項挑戰就是教師 STEM 教學知能有限，包含各領域內容知識、整合的課程設計與教學引導知能等。根據研究報導，教師認為良好設計與經常可及的專業學習機會，會促進成功的 STEM 教學行動（Margot & Kettler, 2019），因此針對教師普遍面臨 STEM 教學知能有限問題，無論是職前培育或在職進修系統當以此為念，重新架設課程內涵，包括 STEM 各領域知能、整合性課程設計與鷹架引導能力等。也就是說，各師資培育機構應以培育能面對未來世界的課程與教學知能為主要目標與思考，勇於開創新課程與新局面，另外在職進修機構也要針對現場教師的需求，統整規劃與設計一系列初階到進階的 STEM 相關課程。值得注意的是，要特別著重統整性課程設計，因整合特性是 STEM 課程設計的重心，要讓老師具有理論上的理解與實際教學的能力，誠如 Kelley 與 Knowles（2016）指出培訓

STEM 教師的關鍵，在於對整合特性的 STEM 教育要有概念上的理解，無論是職前或在職訓練均要提供整合性 STEM 教育的概念架構，並且在整合取向的 STEM 教學中建立信心。

（二）政策關注與獎勵

當前普行 STEM 教育可行之道有二，首先最重要的是教育有關當局在政策、財務與法令上的實質關注與挹注，有如世界各國的具體做法，並將 STEM 教育精神納入課綱；至於政策上的獎勵措施，建議以多元方式鼓勵幼兒園落實 STEM 教育，鼓勵方式可以是精神上的獎勵，或是物質上、權利上的優惠等，例如提供經費直接補助幼兒園 STEM 教材之購置（含公、私立幼兒園）、以政府力量舉辦 STEM 教育相關獎項比賽、舉辦實施 STEM 教育有成幼兒園的教學觀摩並予優渥補助等。其次是在合理範圍內縮短公私立幼兒園的數量比例，讓更多的幼兒園實施部頒納入 STEM 教育精神的課綱，以達 STEM 教育更加普行目的，因為若過多的幼兒園為求生存經常必須與家長傳統的分科與才藝教學理念共舞，就很難落實與普及 STEM 教育了。

（三）逐步漸進實施

建議有心實施 STEM 教育者在配合專業發展的同時，採取漸進慢行原則，誠如 Vasquez（2015）所指，整合的 STEM 經驗需要時間準備，所以首須慢行；亦即在可承受的適度壓力下與逐步修正中一點一滴地累積經驗、建立信心，包含實施時間、實施情境、課程設計、師生權力、領域整合等諸面向的漸進實施。首先在實施時間方面而言，可從一星期一兩次 STEM 探究活動開始嘗試，到一星期所有時段全面實施；其次在實施情境面向，可從少數區角逐漸加多區角，至小組活動、全班活動；接著是課程設計方面，可從預先設計（如從繪本情境問題中延伸）到在生活與遊戲中生成課程或活動；再就師生權力運作而言，可從教師指導逐漸下放權力，至師生間共構狀態；最後就領域整合而言，宜由一兩個領域開始進展到多學科間的統整境界。

第二節 幼兒 STEM 教育之結論

本節旨在綜合本書《幼兒 STEM 教育：課程與教學指引》之重要結論，讓讀者聚焦於本書所傳達重要訊息並進一步思考或行動，期盼幼兒 STEM 教育能真正普行，以培育能適存於未來人工智能時代的公民。茲將本書之重要結論列點如下：

一、STEM 教育於當代與幼兒教育之重要定位

STEM 教育的意涵為：針對生活中的問題，透過工程的設計、製作與精進的核心活動，以為課程與教學主軸，歷程中並整合運用科學與科學探究、數學與數學思考、以及技術與工具等，以產生製作物暨解決實際的問題。STEM 教育的四個特徵是：面對生活真實問題之「解決問題取向」，運用探究能力以求知與理解之「探究取向」，依賴設計、製作與精進的「工程活動」，運用科學、數學、技術等領域之「統整性課程」。

面對人工智能時代，STEM 教育已成為世界各國制定法令政策且不餘遺力推展的重要工作，甚而向下延伸至學前或嬰幼兒階段。根據文獻在未來人工智能時代，不僅對 STEM 相關素養要求劇增，而且特別需要具創造力、探究力與合作共構力的公民，而以產生製作物歷經探究及解決問題為特徵的 STEM 教育正好可以培育這些能力。此外，本書確立 STEM 教育在幼兒階段的定位，不僅基於考量未來時代的特性與能力需求，也思及順應幼兒階段的好奇特性與腦發展關鍵期，更重要的是，確信幼兒 STEM 教育實施的可行性，因此如同其他學者般，研究者也呼籲 STEM 教育宜自幼開始實施。

二、STEM 教育奠基於軟硬體基礎——探究取向主題課程、STEM 探索物理環境

軟硬體基礎奠下幼兒 STEM 教育的根基，根基牢固則易於生長茁壯。硬體基礎——「STEM 探索物理環境」建立在安全、健康暨豐富的環境之上，並納入 STEM 相關元素即數學、科學、工程與技術層面的探索，包含各班區角環境與其各類玩教具（一般性玩教具，供探究、製作的工具與材料，運用科學原理自製玩教具）、公共空間與戶外區域（聚焦於四項元素：自然元素、附加零件、遊具結構、戶外藝術與其他）。幼兒園若意欲實施 STEM 教育，通常先進行硬體基礎著根工作，因為環境是一大激勵因素，會帶動投入 STEM 教育的情緒；而且先建置 STEM 探索物理環境，也會展現探究氛圍，易於奠下軟體基礎——「探究取向主題課程」。不過無論是戶內外 STEM 遊戲環境的設計，均要考量彈性變通與創意巧思，而在幼兒遊戲探索時，則要容許幼兒依遊戲需求創變。

探究取向主題課程強調運用「科學程序能力」即探究力於生活中議題，與 STEM 教育關係密切，如表 2-3-1 所示。它也重視解決生活中問題、探究、整合課程，只不過它強調多元表徵方式如戲劇、塗鴉繪圖、編繪小書、口語分享等，不限於與工程程序有關的製作物，著重運用與整合通泛的各領域知識，不特別強調 STEM 的幾個領域。事實上很多探究取向主題課程在探究與解決歷程問題中，也會運用 STEM 各領域，並且歷經工程程序產生製作物。其實課綱也強調探究精神、解決問題與整合課程，所以只要在主題探究課程進行中，多導向以製作物解決問題，自然會歷經工程程序，並檢視 STEM 各領域成分，即如同實施幼兒 STEM 教育。

三、STEM 教育可資參照的課程架構

研究者基於多年鑽研的主題探究課程，參考幼兒 STEM 教育坊間課程與相關文獻，實地參訪實施 STEM 教育有成的園所，並思考如何傳遞問題與挑戰，逐漸發展「幼兒 STEM 教育之課程架構」（圖 3-1-1.）。此課程架構以

在生活與環境探究為緯度，以解決生活問題（含生活、遊戲、繪本或假想情境）為經度，經緯縱橫交織而成幼兒 STEM 課程體系。而在課程源起向度（預設、萌發）與形式向度（活動、主題）交織下，共計四大類（12 小類）幼兒 STEM 課程（表 3-2-1）。為鼓勵新手 STEM 教師嘗試，研究者建議從簡單且預設的 STEM 探究活動開始實施，再進階到萌發的 STEM 探究主題。

　　在此課程架構下之具體實施方法有六：(1)優化戶內外環境並容許幼兒在環境中探索；(2)選定生活和遊戲中問題與幼兒共構 STEM 課程；(3)善用繪本或假想情境為渠道讓幼兒入戲解決問題或面對挑戰；(4)以預設課程增教師信心與備幼兒探索舞臺；(5)課程設計反映探究、解決問題、工程活動與領域整合四特徵；(6)逐漸減少教學主導並提供適當鷹架。這些方法即為幼兒 STEM 課程設計與實施原則之綜合寫照。

四、STEM 教育之課程設計三步驟與三要素

　　為了確保課程反映 STEM 特色，除了遵照第二章第三節建議——立基於主題探究課程，多加導向以製作物解決問題，並檢視 STEM 各領域成分外，亦可遵照課程設計三步驟而行：(1)選定問題與設計——教師尋找及預思生活、遊戲、繪本或假想情境中值得面對的挑戰或待解決的問題，然後加以設計課程或活動內涵；(2)教師先行探究問題內涵——了解與回答幾個英文字母 W 與 H 開頭的提問，即為何做？做什麼？如何做？在哪裡做？需要多少？(3)分析 STEAM 要素與調整——即分析科學、技術、工程與數學等各領域成分，並且據以適當調整，以便更能符應 STEM 教育精神與特性。不過這三個步驟有些部分是相互重疊進行著（圖 4-1-1.），端視教師對待解決問題或挑戰的知能與信心狀況而定。

　　至於幼兒 STEM 教育的課程設計有三個課程與教學要素必須考量——教學目標、教學內容、教學方法，三者各有其重要內涵必須於設計時顧及（圖 4-1-2.），教學目標要素有顧及全人發展、引發好奇與探究行動、培養解決問題能力，教學內容要素有生活化的設計、伴隨開放有趣教材的遊戲、跨領域

的設計，教學方法要素有充實與運用區角及戶外環境、多以小組取代團體活動、引導幼兒運用探究能力。以上這些要素也反映STEM教育的四項特徵——問題解決、探究、工程程序、學科整合。無論是活動式STEM探究或主題式STEM探究均可遵循此三步驟與三要素設計原則。

五、STEM 教育之課程實施指導原則

研究者依據幼兒 STEM 教育的意義與特徵及現場輔導經驗，分別從幼兒、教師及教學互動三個層面，提出幼兒STEM教育之課程實施指導原則。首先幼兒層面是體驗以探究為核心之「設計、製作、精進」歷程（圖4-2-1.）；其次教師層面是運作以評量為核心之「探究、鷹架、表徵」循環歷程（圖 4-2-3.）；最後師生互動層面是在幼兒工程歷程中教師搭建以評量為核心的鷹架（圖 4-2-4.）。

以上第四點設計步驟及要素與第五點實施指導原則，分別在本書第五章與第六章呈現設計示例與課程實例，以將理論與實務連結，讓教師知其然也知所以然。本書鼓勵新手STEM教師從預設、簡易的STEM探究活動開始試行，再漸進至以主題脈絡統整的STEM探究課程，故在第六章課程實例部分除了呈現有經驗教師的 STEM 探究主題課程外，也呈現個別 STEM 探究活動，期望對新手教師有所助益。

六、當前 STEM 教育之挑戰與因應

臺灣當前幼兒STEM教育的挑戰或困境有STEM教學知能有限（內容知識、課程設計能力、教學知能等）、專業發展機制不足（在職與職前進修體系課程匱乏）、幼教結構上的挑戰（政策法令面向、公私幼個別限制）；針對這些挑戰研究者提出因應之道為重構專業發展系統（包含在職與職前進修體系之全面課程創新）、政策關注與獎勵（在政策上支持與獎勵、與時俱進地將 STEM 精神明確納入課綱、合理調整公私幼比例與解決各自限制困境

等）、漸進逐步實施（由個別 STEM 探究活動至以主題脈絡統整的 STEM 探究課程，由預設的至萌發的課程等）。

又在坊間 STEM 教育的實施上確實存有諸多迷思，值得吾人省思。例如以為幼兒園有機器人或插電玩教具就是進行 STEM 教育，其實這只是展現 STEM 的技術層面，是否實施 STEM 教育取決於幼兒**是否真正地運用探究力去歷經解決問題的過程，並伴隨製作物或特定效果的產生**。而且很重要的是，STEM 教育不僅限於室內，廣大戶外自然環境與素材都是進行 STEM 教育的大好場域，在戶外進行 STEM 探索同時也能增進體能發展與健康，實一舉兩得也。

再次提醒的是，在幼兒教育上吾人強調全人發展，本書所提倡的 STEM 教育是基於統整性的主題探究課程，著重各領域均衡發展含社會、情緒、語文、健康、認知、藝術等，不只有科學、技術、工程、數學而已。課程改革專家 Fullan（1993）指出，面對未來時代每一位教育者均應貝有「道德使命」，以培育能生存於未來紀元的孩童為念，因此，讓我們共同攜手從幼兒階段開始實施以探究、解決問題、工程歷程與整合課程為特色的幼兒 STEM 教育，並針對所面臨挑戰或問題機智地加以因應或解決。

參考文獻

中文部分

中國 STEM 教育研究中心（2019）。中國 STEM 教育調研報告。取自 https://mp.weixin.qq.com/s/FsUNJG9nqeoLVfBMFjXcAA

方朝郁（2018）。自造者教育在十二年國教校定課程之發展模式：學校本位課程的觀點。教育研究月刊，**288**，69-84。

田育芬（1987）。幼稚園活動室空間安排與幼兒社會互動關係之研究。載於中華民國學校建築研究學會（主編），幼稚園園舍建築與學前教育（頁264-293）。臺北市：臺灣書店。

朱珮禎、曾淑惠（2018）。創課教育實踐於 12 年國教課程之評析。臺灣教育評論月刊，**7**（3），160-163。

李如瀅（2018）。幼兒科學之行動研究（未出版之碩士論文）。國立清華大學，新竹市。

吳珍梅（2007，10月）。學校與家庭之互動：幼兒園親師衝突中性別與權力意涵之分析。論文發表於臺灣女性學學會、高雄師大性別教育研究所主辦之「臺灣女性學會暨高師大四十周年校慶」學術研討會，高雄市。

林坤誼（2018）。STEM 教育在臺灣推行的現況與省思。青年研究學報，**21**（1），107-115。

周淑惠（2006）。幼兒園課程與教學：探究取向之主題課程。臺北市：心理。

周淑惠（2011）。創造力與教學：幼兒創造性教學理論與實務。臺北市：心理。

周淑惠（2017a）。面向 21 世紀的幼兒教育：探究取向主題課程。新北市：心理。

周淑惠（2017b）。STEM 教育自幼開始——幼兒園主題探究課程中的經驗。臺灣教育評論月刊，**6**（9），169-176。

周淑惠（2018a）。具 STEM 精神之幼兒探究課程紀實：「一起創建遊戲樂園」主題。新北市：心理。

周淑惠（2018b）。嬰幼兒 STEM 教育與教保實務。新北市：心理。

周淑惠（2018c）。幼兒園學習環境規劃。北京市：北京聯合。

周淑惠（2019）。幼兒 STEM 教育之定位、實施與挑戰。載於張芬芬、謝金枝主編，課程與教學學會策劃，十二年國教 108 課綱實施與問題因應。臺北市：五南。

馬瑞連・弗里爾（Fleer, M.）（2019）。概念性遊戲世界：推動遊戲與兒童學習結合的新途徑。學前教育研究，**299**，73-79。亦見 https://www.monash.edu/conceptual-playworld/about

張俊、臧蓓蕾（2016）。幼兒園 STEM 綜合教育——概念、理念及實踐構想。科學大眾・STEM，**880**（12），2-5。

張曉琪（2019）。美國跨領域教學趨勢：從 STEM 到 STEAM 的轉化。教育研究月刊，**300**，36-46。

葉曉雯（譯）（2001）。Klintin, L.（著）（1999）。小布修東西。臺南市：企鵝圖書。

臺中愛彌兒教育機構、林意紅（2013）。甘蔗有多高？幼兒測量概念的學習（第二版）。臺北市：信誼。

臺灣教育部（2017）。幼兒園教保活動課程大綱。

歐用生（1993）。課程發展的基本原理。高雄市：復文。

劉慈惠（2007）。幼兒家庭與學校合作關係：理論與實務。臺北市：心理。

鄭德禮（2018）。在香港幼兒園推行 STEM 教育的挑戰之初探。香港教師中心學報，**17**，223-239。

西文部分

Barbre, J. G. (2017). *Baby steps to STEM: Infant and toddler science, technology, engineering, and math activities.* St. Paul, MN: Redleaf Press.

Beane, J. (1997). *Curriculum integration: Designing the core of democratic education.* New York: Teachers College.

Bell, T., Witten, I. H., & Fellows, M. (2016). *Computer Science Unplugged: An enrichment and extension programme for primary-aged children.* Retrieved from https://ir.canterbury.ac.nz/bitstream/handle/10092/247/12584508_Main.pdf?sequence=1&isAllowed=y

Bers, M. U. (2017). The Seymour test: Powerful ideas in early childhood education. *International Journal of Child-Computer Interaction, 14*, 10-14. Retrieved from http://dx.doi. org/10.1016/j.ijcci.2017.06.004 and https://sites.tufts.edu/devtech/files/2018/02/ seymour-test-2017.pdf

Bredekamp, S. (2017). *Effective practices in early childhood education: Building a foundation* (3rd ed.). Upper Saddle River, NJ: Pearson..

Bybee, R. W. (2010). Advancing STEM: A 2020 vision. *Technology and Engineering Teacher, 70*(1), 30-35.

Bybee, R. W. (2013). *The case for STEM education: Challenges and opportunities.* Arlington, VA: NSTA Press.

Bybee, R. W., Taylor, J. A., Gardner, A., Van Scotter, P., Powell, J. C., Westbrook, A., & Landes, N. (2006). *The BSCS 5E instructional model: Origins and effectiveness.* Retrieved from https://bscs.org/sites/default/files/_media/about /downloads/BSCS_5E_Full_Report.pdf

Campbell, D. M., & Harris, L. S. (2001). *Collaborative theme building: How teachers write integrated curriculum.* Needham Height, MA: Allyn & Bacon.

Campbell, C., Speldewinde, C., Howitt, C., & MacDanald, A. (2018). STEM practice in the early years. *Creative Education, 9*, 11-25. doi: 10.4236/ce.2018.91002.

Chubb, I. (2013). *Science, technology, engineering and mathematics in the national interest: A strategy approach.* Canberra: Office of the Chief Scientist, Australian Government. Retrieved from https://www.chiefscientist.gov.au/wp-content/uploads/STEMstrategy290713FINALweb.pdf

Counsell, S., Escalada, L., Geiken, R., Sander, M., Uhlenberg, J., Van Meeteren, B., ... Zan, B. (2016). *STEM learning with young children: Inquiry teaching with ramp and pathways.* New York, NY: Teachers College Press.

Day, D. E. (1983). *Early childhood curriculum: A human ecological approach.* Glenview, IL: Scott, Foresman and company.

Dubosarsky, M., Cyr, M., Bostwick, C., & Grudoff, C. (2016, November). *Seeds of STEM: Problem-based early childhood STEM curriculum.* Massachusetts STEM Summit, Worcester, MA. Retrieved from https://sostem.files.wordpress.com/2016/02/seedsofstem_stem-summit-2016.pdf

Edwards, C., Gandini, L., & Forman, G. (Eds.) (1998). *The hundred language of children-the Reggio Emilia approach: Advanced reflections* (2nd ed.). Norwood, N. J.: Ablex.

Elkind, D. (1981). *The hurried child: Growing up too fast too soon.* Reading, MA: Addison-Wesley.

Elkind, D. (1987). *Miseducation: Preschools at risk.* New York, NY: Alfred Knopf.

Englehart, D., Mitchell, D., Albers-Biddle, J., Jennings-Towle, K., & Forestieri, M. (2016). *STEM play: Integrating inquiry into learning centers.* Lewisville, NC: Gryphon House.

English, L. D. (2016). STEM education K-12: Perspectives on integration. *International Journal of STEM Education, 3*(3). Retrieved from doi.org/10.1186/s40594-016-0036-1

Essa, E. (1992). *Introduction to early childhood education.* Albany, New York: Delmar Publishers.

Frost, J. L. (1992). Reflection on research and practice in outdoor play environments.

Dimensions of Early Childhood, Summer, 6-10.

Fullan, M. (1993). *Change forces: Probing the depths of educational reform.* London, UK: The Falmer Press.

Geng, J., Jong, M. S.-Y., & Chai, C. S. (2018). Hong Kong teachers' self-efficacy and concerns about STEM education. *Asia-Pacific Education Researcher, 28*(1), 35-45. Retrieved from https://doi.org/10.1007/s40299-018-0414-1

Gonzalez-Mena, J., & Eyer, D. W. (2018). *Infants, toddlers, and caregivers: A curriculum of respectful, responsive, relationship-based care and education* (11st ed.). New York: McGraw-Hill.

Heroman, C. (2017). *Making & tinkering with STEM: Solving design challenges with young children.* Washington D.C.: National Association for the Education of Young Children.

John, M. S., Sibuma, B., Wunnava, S., Anggoro, F., & Dubosarsky, M. (2018). An iterative participatory approach to developing an early childhood problem-based STEM curriculum. *European Journal of STEM Education, 3*(3), 7. Retrieved from https://files.eric.ed.gov/fulltext/EJ1190775.pdf

Katz, L. G. (2010, May). *STEM in the early years.* Paper presented at the STEM in Early Education and Development Conference. Cedar Falls, IA. Retrieved from http://ecrp.uiuc.edu/beyond/seed/katz.html

Kazakoff, E., & Bers, M. U. (2014). Put your robot in, put your robot out: Sequencing through programming robots in early childhood. *Journal of Educational Computing Research, 50*(4). Retrieved from https://ase.tufts.edu/devtech/publications/Kazakoff%20Put%20Your%20Robot%20In.pdf

Kelley, T. R., & Knowles, J. G. (2016). A conceptual framework for integrated STEM education. *International Journal of STEM Education, 3*(11). Retrieved from doi.org/10.1186/ s40594-016-0046-z

Krajcik, J., & Delen, I. (2017). Engaging learners in STEM education. *Eesti Haridusteaduste Ajakiri, nr 5*(1), 35-38. Retrieved from http://ojs.utlib.ee/index.php/

EHA/article/view/eha.2017.5.1.02b/8467

Krogh, S. L., & Morehouse, P. (2014). *The early childhood curriculum: Inquiry learning through integration* (2nd ed.). New York, NY: Routledge.

Land, M. H. (2013). Full STEAM ahead: The benefits of integrating the arts into STEM. *Procedia Computer Science, 20*, 547-552.

Lange, A. A., Brenneman, K., & Mano, H. (2019). *Teaching STEM in the preschool classroom.* New York: Teachers College.

Linder, S. M., Emerson, A. M., Heffron, B., Shevlin, E., & Vest, A. (2016). STEM use in early childhood education: Viewpoints from the field. *Young Children, 71*(3), 87-91.

Logan, T., Lowrie, T., & Bateup, C. (2017). Early learning STEM Australia (ELSA): Developing a learning program to inspire curiosity and engagement in STEM cincepts in preschool children. In A. Downton, S. Livy, & J. Hall (Eds.), *40 years on: We are still learning!* Proceedings of the 40th Annual Conference of the Mathematics Education Research Group of Australasia (pp. 617-620). Melbour-ne: MERGA. Retrieved from https://eric.ed.gov/?id=ED589418

Margot, K. C., & Kettler, T. (2019). Teachers' perception of STEM integration and education: A systematic literature review. *International Journal of STEM Education, 6*(2), 1-16. Retrieved from doi.org/10.1186/s40594-018-0151-2

Marrero, M. E., Gunning, A. M., & Germain-Williams, T. (2014). What is STEM education? *Global Education Review, 1*(4), 1-6.

McClure, E. R. (2017). More than a foundation: Young children are capable STEM learners. *Young Children, November,* 83-89.

McClure, E. R., Guernsey, L., Clements, D. H., Bales, S. N., Nichols, J., Kendall-Ta-ylor, N., & Levine, M. H. (2017). *STEM starts early: Grounding science, technology, engineering, and math education in early childhood.* New York: The Joan Ganz Cooney Center at Sesame Workshop. Retrieved from https://joang-anzcooneycenter.org/wpcontent/uploads/2017/01/jgcc_stemstartsearly_final.

pdf

Moomaw, S. (2013). *Teaching STEM in the early years: Activities for integrating science, techonology, engineering, and mathematics.* St. Paul, MN: Red Leaf Press.

Moore, T. J., & Smith, K. A. (2014). Advancing the state of the art of STEM integration. *Journal of STEM Education, 15*(1), 5-10.

Museum of Science, Boston (2016-2018). *EiE WeeEngineer: Noisemakers preview guide.* Retrieved from https://cdn2.hubspot.net/hubfs/436006/PDF_Files/Wee%20Engineer%20Noisemakers%20Preview.pdf?__hstc=97864128.0274f76d0e879b33312492e9a969c244.1562997404645.1580297110974.1580298594522.7&__hssc=97864128.12.1580298594522&__hstc=97864128.d3fbcd97f33d7a34df1466008b9a6872.1549572990812.1564059229532.1564064259754.318&__hssc=97864128.2.1564064259754&submissionGuid=bcba143a-2d77-493a-a505-c148683d77b8

Museum of Science, Boston (2019). *EiE for kindergarten: Unit preview.* Retrieved from https://cdn2.hubspot.net/hubfs/436006/PDF_Files/EiEK%20Prep%20Lessons.pdf?__hstc=97864128.0274f76d0e879b33312492e9a969c244.1562997404645.1580297110974.1580298594522.7&__hssc=97864128.17.1580298594522&__hstc=97864128.d3fbcd97f33d7a34df1466008b9a6872.1549572990812.1564059229532.1564064259754.318&__hssc=97864128.8.1564064259754&submissionGuid=8cf0d4f7-8d23-4b0a-a032-24d27830c5d0

Nadelson, L. S., & Seifert, A. L. (2017). Integrated STEM defined: Contexts, challenges, and the future. *The Journal of Educational Research, 110*(3), 221-223. Retrieved from doi:10.1080/00220671.2017.1289775

National Academy of Engineering [NAE] & National Research Council [NRC]. (2014). STEM integration in K-12 education: Status, prospects, and an agenda for research. Washinton, D.C.: National Academies Press.

National Research Council [NRC]. (2000). *Inquiry and the national science educa-*

tion standards: A guide for teaching and learning. Washington, DC: National Adademy Press. Retrieved from https://www.nap.edu/read/9596/chapter/1

National Research Council [NRC]. (2009). *Engineering in k-12 education: Understanding the status and improving the prospects.* Washington, D.C.: National Academy Press.

National Research Council [NRC]. (2013). *Next generation science standards.* Retrieved from https://www.nextgenscience.org/three-dimensions and https://www.nap.edu/read/13165/chaper/7#42

National Scientific Council on the Developing Child. (2007). *The science of early childhood development* (In Brief). Retrieved from www.developingchild.harvard.edu

Ornstein, A. C., & Hunkins, F. P. (2017). *Curriculum: Foundations, principles, and issues* (7th ed.). Boston: Pearson.

Rivkin, M. (1995). *The great outdoors: Restoring children's right to play outside.* Washington, D.C.: National Association for the Education of Young Children.

Selly, P. B. (2017). *Teaching STEM outdoors: Activities for young children.* St. Paul, MN: Redleaf Press.

Sharapan, H. (2012). From STEM to STEAM: How early childhood educators can apply Roy Roggers' approach. *Young Children, January*, 36-41.

Sousa, D. A., & Pilecki, T. (2013). *From STEM to STEAM: Using brain-compatible strategies to integrate the Arts.* Thousand Oaks, CA: Corwin.

Stone-MacDonald, A., Wendell, K., Douglass, A., & Love, M. (2015). *Engaging young engineers: Teaching problem-solving skills through STEM.* Baltimore, ML: Paul H. Brookes.

Strimel, G., & Grubbs, M. E. (2016). Positioning technology and engineering education as a key force in STEM education. *Journal of Technology Education, 27*(2), 21-36. Retrieved from https://scholar.lib.vt.edu/ejournals/JTE/v27n2/strimel.html

Tank, K. M., Pettis, C., Moore, T. J., & Fehr, A. (2013). Designing animal habitats with kindergartners: Hamsters, picture books, and engineering design. *Science and Children*, *50*(9), 39-43. Retrieved from http://picturestem.org/wp-content/uploads/2014/12/SciChild_Hamsters2013.pdf

Tank, K. M., Moore, T. J., Pettis, C., & Gajdzik, E. (2017). *Picture STEM: Design Paper Basket*. Purdue University Research Foundation. Retrieved from http://picturestem.org/wp-content/uploads/2017/07/PictureSTEM-Designing-Paper-Baskets_July-2017.pdf

Texley, J., & Ruud, R. M. (2018). *Teaching STEM literacy: A constructivist approach for age 3-8*. St. Paul, MN: Red Leaf Press.

Tippett, C. D., & Milford, T. M. (2017). Findings from a pre-kindergrten classroom: Making the case for STEM in early childhood education. *International Journal of Science and Math Education*, *15*(1), 67-86.

United Nations Educational Scientific and Cultural Organization [UNESCO]. (1996). *Learning: The treasure within*. Retrieved from http://unesdoc.unesco.org/images/0010/001095/109590eo.pdf

US Department of Education. (2016). *STEM 2026: A vision for innovation in STEM education*. Retrieved from https://innovation.ed.gov/files/2016/09/AIR-STEM 2026_Report_2016.pdf

Vasquez, J. A. (2015). STEM: Beyond the acronym. *Educational Leadership*, *72*(4), 10-15.

Zan, B. (2016). Why STEM? why early childhood? why now? In S. Counsell, L. Escalada, R. Geiken, M. Sander, J. Uhlenberg, B. Van Meeteren, S. Yoshizawa, & B. Zan (Eds.), *STEM learning with young children: Inquiry teaching with ramp and pathways*. New York, NT: Teachers College Press.

國家圖書館出版品預行編目（CIP）資料

幼兒 STEM 教育：課程與教學指引／周淑惠著.
--初版.--新北市：心理, 2020.06
面；　公分.--（幼兒教育系列；51208）
ISBN 978-986-191-905-8（平裝）

1.幼兒保育　2.課程規劃設計　3.學前課程

523.23　　　　　　　　　　　　　　　109004504

幼兒教育系列 51208

幼兒 STEM 教育：課程與教學指引

作　　者：周淑惠
執行編輯：高碧嶸
總 編 輯：林敬堯
發 行 人：洪有義
出 版 者：心理出版社股份有限公司
地　　址：231026 新北市新店區光明街 288 號 7 樓
電　　話：(02) 29150566
傳　　真：(02) 29152928
郵撥帳號：19293172　心理出版社股份有限公司
網　　址：https://www.psy.com.tw
電子信箱：psychoco@ms15.hinet.net
排 版 者：辰皓國際出版製作有限公司
印 刷 者：辰皓國際出版製作有限公司
初版一刷：2020 年 6 月
初版二刷：2021 年 8 月
I S B N：978-986-191-905-8
定　　價：新台幣 450 元